BEI GRIN MACHT SIC
WISSEN BEZAHLT

- Wir veröffentlichen Ihre Hausarbeit,
  Bachelor- und Masterarbeit

- Ihr eigenes eBook und Buch -
  weltweit in allen wichtigen Shops

- Verdienen Sie an jedem Verkauf

Jetzt bei www.GRIN.com hochladen
und kostenlos publizieren

Bibliografische Information der Deutschen Nationalbibliothek:

Die Deutsche Bibliothek verzeichnet diese Publikation in der Deutschen National-
bibliografie; detaillierte bibliografische Daten sind im Internet über http://dnb.d-
nb.de/ abrufbar.

Impressum:

Copyright © 2002 GRIN Verlag, Open Publishing GmbH
Druck und Bindung: Books on Demand GmbH, Norderstedt Germany
ISBN: 9783668470729

Alexandra von Lingen

Campaigning in den USA. Sinnvolle Wahlkampfstrategie für den deutschen Bundestagswahlkampf?

GRIN Verlag

GRIN - Your knowledge has value

Der GRIN Verlag publiziert seit 1998 wissenschaftliche Arbeiten von Studenten, Hochschullehrern und anderen Akademikern als eBook und gedrucktes Buch. Die Verlagswebsite www.grin.com ist die ideale Plattform zur Veröffentlichung von Hausarbeiten, Abschlussarbeiten, wissenschaftlichen Aufsätzen, Dissertationen und Fachbüchern.

Besuchen Sie uns im Internet:

http://www.grin.com/

http://www.facebook.com/grincom

http://www.twitter.com/grin_com

Campaigning in den USA –
Sinnvolle Wahlkampfstrategie für
den deutschen Bundestagswahlkampf?

Magisterarbeit zur Erlangung des Grades einer
Magistra Artium M.A.

vorgelegt
der
Philosophischen Fakultät
Der Rheinischen Friedrich-Wilhelms-Universität
zu Bonn

von
Alexandra Tapprogge
aus
Menden

Inhaltsverzeichnis

4

Einleitung

Rote, weiße und blaue Luftballons schweben zu Hunderten von der Decke. Dazu tonnenweise Konfetti. Es könnte das Setting für ein übergroßes Kinderfest sein, doch dazu ist die Sache zu ernst. Auf der Bühne stehen sechs Personen: Zum einen der Präsidentschaftskandidat der Republikanischen Partei George W. Bush mit seiner Frau Laura und ihren Zwillingstöchtern Barbara und Jenna und zum anderen sein „running mate" Dick Cheney und dessen Frau Lynne. Nicht verebben wollender Applaus und Sprechchöre sind zu hören. Auf den Rängen, welche die Bühne umgeben, sitzen hochdekorierte Parteianhänger mit übergroßen Transparenten in der Hand: ‚George W. for President' steht darauf.

Wahlkampfszenen aus dem Amerika des 21. Jahrhunderts. Eine Partei zeigt sich siegesgewiss und inszeniert sich selbst - *Conventions* in den USA bieten dazu die größte öffentliche Bühne. Schon bald könnten diese Szenen sich ebenso auf Parteitagen in der Bundesrepublik Deutschland abspielen.

Denn die Adaption von amerikanischen Wahlkampfelementen im deutschen Wahlkampf kann im Jahr 2002 nicht mehr geleugnet werden. Eine zunehmende Personalisierung, eine Professionalisierung der Kampagnen und eine verstärkte Mediatisierung sind erkennbar.

Dabei scheint sowohl in den USA als auch in der Bundesrepublik nichts umstrittener als das amerikanische *Campaigning*, also die moderne politische Kampagne.[1] Die Liste der Kritiken ist schier endlos – amerikanische Kampagnen seien zu teuer, zu lang, zu negativ, zu uninformativ, zu glatt.

Doch trotz dieser zahlreichen Attacken geht vom *Campaigning* eine ganz spezielle Wirkung aus. Anders ist nicht zu erklären, warum amerikanische Wahlkampfstrategien eine unaufhörliche Entwicklung durchlaufen und mehr und mehr im bundesdeutschen Wahlkampf adaptiert werden.

Aber was ist das Erfolgreiche am *Campaigning*? Sind es die ausgeklügelten Strategien, welche die Wähler umgarnen sollen? Ist es eine gewisse Logik, die Kandidaten zum Sieg verhilft? Oder ist es lediglich die eigene Kraft, die ökonomisch und geplant eingesetzt wird, um das politische Ziel zu erreichen?

---

[1] Der Oberbegriff des *Campaigning* steht in den USA für die professionelle Kampagne, die in der politischen Landschaft Amerikas andere Charakteristika aufweist als Kampagnen im bundesdeutschen Wahlkampf. *Campaigning* orientiert sich vor allem an Kommunikationskonzepten, die als zentrale Herausforderung gelten, an der Nutzung traditioneller Wahlkampfmittel und an Strategien, welche die moderne, politische Kommunikation erforderlich macht.

Campaigning lebt von zahlreich angewandten Komponenten. Für den Politik-wissenschaftler Marco Althaus ist es vergleichbar mit einer „Art Kriegshandwerk", denn es ist der Kampf um Macht und Entscheidungen mit scharfen Waffen und Symbo-len für Furcht und Hoffnung. Meist gewinnt dabei der Aggressor.[2]

Die vorliegende Arbeit beleuchtet die „Waffen und Symbole" des *Campaigning*. Dabei soll zunächst geklärt werden, um welche „Kriegsmittel" es sich handelt, wie sie eingesetzt werden und welche Folgen sie haben.

Betrachtet man infolgedessen den bundesdeutschen Wahlkampf 1998 als Schlacht, so kann Gerhard Schröder als erfolgreicher Krieger gelten. Denn erstmals bediente sich ein deutscher Kanzlerkandidat vornehmlich Wahlkampftaktiken des ame-rikanischen *Campaigning*. Eine noch größere Konzentration auf amerikanische Wahl-kampfgepflogenheiten im Bundestagswahlkampf 2002 ist die logische Folge.

Die Wahlkampflandschaft der Bundesrepublik ist auf dem Weg in ein neues Zeitalter. Der Einfluss des amerikanischen *Campaigning* ist dabei ungebrochen. Perso-nen stehen zunehmend im Mittelpunkt von Kampagnen, die von Profis geplant und entworfen werden. Die Medien fungieren als Bindeglied zwischen ihnen und den Wäh-lern, politische Sachfragen rücken dabei mehr und mehr in den Hintergrund. *Images* statt *Issues* lautet auch hierzulande die Parole.

Doch wie sinnvoll ist diese Entwicklung? Sind deutsche Wähler und Politiker auf dem Weg, ihre Ansprüche an eine sachgerechte Politik aufzugeben? Brauchen wir die Entertainisierung des Wahlkampfes um zu einer kultivierten Wahlentscheidung zu kommen?

Die vorliegende Arbeit sucht nach Antworten auf diese Fragen. Dabei werden bei der Betrachtung bundesdeutscher Wahlkämpfe lediglich die beiden großen Volks-parteien CDU/CSU und SPD berücksichtigt. Außerdem ist zu beachten, dass aufgrund des frühzeitigen Abgabetermins dieser Arbeit, die heiße Phase des Bundestagswahl-kampfes 2002 leider nicht mehr berücksichtigt werden kann.[3]

Der Arbeit hängt ein Glossar an, in welchem die wichtigsten Wahlkampftermini – vor allem aus dem Amerikanischen – noch einmal erklärt sind. Zusätzlich finden sich in der Dokumentation Gesprächsprotokolle der für diese Arbeit durchgeführten Inter-views mit Wahlkampfexperten aus der SPD und CDU sowie mit dem ehemaligen

---

[2] Althaus, Marco, Strategien für Kampagnen, in: Althaus, Marco (Hrsg.), Kampagne! Neue Strategien für Wahlkampf, PR und Lobbying, 2. Auflage, Münster 2001, S. 7-44, S. 7.
[3] Stand des berücksichtigten Materials 15. Juli 2002.

Wahlkampfberater der CDU, Peter Radunski, und dem amerikanischen Wahlkampfexperten Robert Watson.

1. Wahlkampf in Perspektive

1.1 Die Geschichte des deutschen Wahlkampfes

1.1.1 Die frühe Entwicklung des Wahlkampfes

Der Wahlkampf in Deutschland hat eine lange Tradition. Im Kaiserreich treten bereits moderne Formen des Massenwahlkampfes hervor. Flugblatt- und Plakataktionen, Massenversammlungen, sowie die „systematische Bearbeitung" der Wahlberechtigten gehören zum politischen Alltag.[4] Die Wahlkampforganisationen der Parteien werden im Zuge dieser Wahlkampfformen schon früh professionalisiert und zentralisiert.[5]

Den Wahlkampf der Weimarer Republik prägt die gewachsene Bedeutung der Parteien und die damit einhergehende politische Polarisierung.[6] Die Wahlkampfmittel unterscheiden sich dabei nicht wesentlich von denen des Kaiserreichs; allerdings wird das Radio als Wahlkampfmedium entdeckt und gewinnt zunehmend an Bedeutung.[7]

1932 findet ein Wahlkampf mit schwierigen Fronten und neuen Mitteln statt. „Hitler über Deutschland", lautet der Slogan mit dem der Kandidat der NSDAP das Amt des Reichskanzlers anstrebt. Zu seinen Wahlkampfauftritten fliegt Adolf Hitler per Flugzeug ein. Die Nazis inszenieren ihre Propaganda perfekt – mit Flugblättern, Rundfunkansprachen, Broschüren, der Verteilung von Schallplatten, Kundgebungen und Lautsprecherdurchsagen.[8]

In der Zeit des Dritten Reiches herrscht die Selbstinszenierung des NS-Regimes und die Personifizierung der Politik durch Hitler vor. Die Nazis nutzen zu diesem

[4] Nipperdey, Thomas, Die Organisation der bürgerlichen Parteien in Deutschland vor 1918, in: Nipperdey, Thomas, Gesellschaft, Kultur, Theorie. Gesammelte Aufsätze zur neueren Geschichte, Göttingen 1976, S. 279-318, S. 301.
[5] Vgl. Kühne, Thomas, Entwicklungstendenzen der preußischen Wahlkultur im Kaiserreich, in: Ritter, Gerhard A. (Hrsg.), Wahlen und Wahlkämpfe in Deutschland. Von den Anfängen im 19. Jahrhundert bis zur Bundesrepublik, Düsseldorf 1997, S. 65-78, 66-68.
[6] Vgl. Falter, Jürgen W., Wahlen und Wählerverhalten unter besonderer Berücksichtigung des Aufstiegs der NSDAP nach 1928, in: Bracher, Karl Dietrich, Funke, Manfred und Hans-Adolf Jacobsen (Hrsg.), Die Weimarer Republik 1918-1933. Politik, Wirtschaft, Gesellschaft, Bonn 1987, S. 484-504.
[7] Eine Woche vor dem Wahltermin der Reichtagswahlen am 4. Mai 1924 verbreiten Parteien erstmals ihre Botschaften über den Rundfunk. Ein Jahr später wird eine Wahlkampfansprache der Kandidaten Paul von Hindenburg und Wilhelm Marx zur Reichspräsidentenwahl im Radio übertragen.

Zweck moderne Methoden der Übermittlung – den Reichsrundfunk, die Presse und den Film. Inszenierte Massenveranstaltungen wie die Reichsparteitage werden durch „theatralische Effekte" zu einer Art „Gesamtkunstwerk".[9]

1.1.2 Die 50er Jahre – Neuordnung der Wahlkämpfe

Am 14. August 1949 findet in der Bundesrepublik Deutschland die erste Bundestagswahl nach dem Zweiten Weltkrieg statt. Auch wenn es anfänglich weder ein Wahlgesetz noch einen Wahltermin gibt[10], führen SPD und CDU einen Wahlkampf mit „erbitterten Kontroversen".[11] Beide Parteien versuchen verstärkt ihre Kontakte in Rundfunk- und Zeitungsredaktionen zu nutzen, um ihre Wahlprogramme in den jeweiligen Medien zu platzieren.

Die SPD schickt sogar speziell geschulte Rundfunkredner in politische Sendungen. Außerdem setzen beide Parteien auf die traditionellen Wahlkampfmaterialien – Plakate, Flugblätter, Broschüren und parteieigene Wahlzeitungen, die eigens auf spezielle Zielgruppen zugeschnitten sind.[12]

Der vier Jahre später folgende Wahlkampf ist geprägt von der Konfrontation zwischen Regierungskoalition und Opposition mit der Konzentration der Wahlkampagnen auf die beiden Spitzenkandidaten Konrad Adenauer und Erich Ollenhauer.[13] Die CDU führt erstmals den personenzentrierten „Kanzlerwahlkampf" in Deutschland ein - das Wahlkampfkonzept ist dabei auf Konrad Adenauer zugeschnitten.[14][15]

Mit dem Wahlslogan „*Statt Adenauer – Ollenhauer*" will die SPD im Wahl-

---

[8] Vgl. Reichel, Peter, Der schöne Schein des Dritten Reiches. Faszination und Gewalt des Faschismus, 2. Auflage, München 1996, S. 119-120.

[9] Reichel, Der schöne Schein des Dritten Reiches, S. 121.

[10] Vgl. Dreher, Klaus, Der Weg zum Kanzler. Adenauers Griff nach der Macht, Düsseldorf 1972, S. 212-218.

[11] Wilke, Jürgen und Carsten Reinemann, Kanzlerkandidaten in der Wahlkampfberichterstattung 1949-1998, Köln 2000, S. 26.

[12] Vgl. Recker, Marie-Luise, Wahlen und Wahlkämpfe in der Bundesrepublik Deutschland 1949-1969, in: Ritter, Gerhard (Hrsg.), Wahlen und Wahlkämpfe in Deutschland. Von den Anfängen im 19. Jahrhundert bis zur Bundesrepublik, Düsseldorf 1997, S. 293-297, S. 293-294.

[13] Adenauer und Ollenhauer standen jeweils auf den Spitzenpositionen der Landeslisten – außer bei der CDU in Bremen – dort führte Ehlers die Landesliste an. Andere Parteien nahmen sich dieses Herausstellen der Spitzenkandidaten zum Vorbild und imitierten dies bei der Bundestagswahl 1953. Eine spätere Änderung der Bundeswahlgesetze schloss dieses Vorgehen aus.

[14] Vgl. Kleinmann, Hans-Otto, Geschichte der CDU 1945 – 1982, Stuttgart 1993, S. 157.

[15] So soll durch ein Wahlplakat, das die väterliche Figur Adenauers und den Slogan „Deutschland wählt Adenauer" abbildet, Selbstsicherheit und Siegeszuversicht vermittelt werden. Zusätzlich steht Adenauer zum Wahlkampfauftakt im Mittelpunkt des Parteitages der CDU in Hamburg und tritt eine vierwöchige Wahlreise in einem Sonderzug an, in deren Verlauf er kurze Ansprachen auf verschiedenen Kundgebungen hält.

kampf 1953 ein überzeugendes personelles Gegenangebot schaffen. Doch der SPD-Kanzlerkandidat Erich Ollenhauer wird von der Bevölkerung nicht als Alternative empfunden. Neben einem Personenwahlkampf setzten die Sozialdemokraten auch auf einen breiten Themenwahlkampf. Dieser zeichnet sich durch einen beträchtlichen Materialaufwand von Werbemitteln aus.[16]

1.1.3 Die 60er Jahre - Zunehmende Personalisierung

Als Adenauer 1961, im Alter von 85 Jahren, gegen den 47-jährigen Willy Brandt antritt, ändern sich die Vorzeichen für die SPD. Sind die Wahlkampagnen 1953 und 1957 noch gekennzeichnet durch einen materiellen und organisatorischen Vorsprung der Unionsparteien, so versucht die SPD vier Jahre später mit einer neuen, professionelleren Strategie den Vorsprung der Union aufzuholen.

Willy Brandt soll in der Öffentlichkeit ein „neues Gesicht" verliehen werden.[17] Mitarbeiter des SPD-Kanzlerkandidaten werden zwecks dieses Ziels bereits 1959 zur Beobachtung des Unterhauswahlkampfes nach Großbritannien und zur Analyse der Kennedy-Nixon-Kampagne in die USA geschickt. Die dort erworbenen Erfahrungen sollen für die eigene Strategie genutzt werden.[18]

Neben der Konzentration auf Brandt, setzt die SPD auf neue Maßstäbe bezüglich ihrer Wahlwerbung und ihres Wahlkampfstils. Ein sichtbarer Trend zur Amerikanisierung und eine Anlehnung an die Tendenzen des Wahlkampfes Kennedy gegen Nixon 1960, wird demnach 1961 deutlich. So wird das Fernsehen erstmals als Wahlkampfmittel zum Einsatz gebracht, außerdem steht dem Kandidaten zur Wahlkampforganisation ein Stab professioneller Berater zur Seite.[19]

Auch in den folgenden Wahlkampagnen setzt sich dieser für Deutschland neue Wahlkampfstil fort. Mit immer aufwendigeren Materialschlachten kämpfen die Parteien um die Gunst der Wähler. Die traditionellen Werbemittel[20] werden zwar weiter eingesetzt, doch die Bedeutung anderer Werbeträger und –formen wächst.

Vor allem das Fernsehen als neues Massenmedium verändert die Wahlkampfführung entscheidend. Allein die extrem schnelle Verbreitung der neuen Technik zeigt wie sehr die Parteien auf Popularitätsgewinn durch das Fernsehen hoffen können. Sind

---

[16] Vgl. Struve, Günter, Kampf um die Mehrheit, Köln 1971, S. 20-23.
[17] Vgl. Recker, Wahlen und Wahlkämpfe, S. 302.
[18] Vgl. Klotzbach, Kurt, Der Weg zur Staatspartei. Programmatik, praktische Politik und Organisation der deutschen Sozialdemokratie 1945 bis 1965, Berlin 1982, S. 511.
[19] Vgl. Marshall, Barbara, Willy Brandt. Eine politische Biographie, Bonn 1993, S. 51-56.

Ende 1952 1.000 Fernsehlizenzen erteilt worden, so besitzen Mitte der 60er Jahre bereits zehn Millionen Haushalte in der Bundesrepublik die technische Neuheit.[21]

1.1.4 Die 70er Jahre – Emotionalisierung durch „Themen*setting*"

Mit zunehmenden gesellschaftlichen Problemen wird der Wahlkampf 1972 wieder politischer – Wahlprogramme und Themen rücken in den Vordergrund. Weil in der letzten Phase des erbittert geführten Wahlkampfes die Ostpolitik der Regierung zum beherrschenden Thema wird, gilt die Wahl auch als Plebiszit über die Ostverträge und als Vertrauensabstimmung über Bundeskanzler Willy Brandt.[22]

Der Wahlkampf des Jahres 1972 wird in der deutschen Öffentlichkeit mit starken Emotionen geführt. Wie selten zuvor engagieren sich Bürger im Vorfeld der Wahlen mit Buttons, Aufklebern und Anzeigen für ihre politische Überzeugung. Zahlreiche Prominente bekunden aufgeschlossen, welcher Partei sie ihre Zuwendung schenken.

1976 gibt das Fernsehen den Spitzenkandidaten drei Tage vor der Wahl Gelegenheit, sich den Wählern zu präsentieren. In einer viereinhalbstündigen Diskussion äußern sich die vier Parteivorsitzenden zu zentralen politischen Themen. Besonders im Vordergrund steht dabei die Innenpolitik und die Regierungs- und Oppositionsleistung.[23]

1.1.5 Die 80er Jahre – Repolitisierung des Wahlkampfes

1980 wird abermals ein personalisierter Wahlkampf geführt.[24] Die Sozialdemokraten starten eine Schmidt-gegen-Strauß-Kampagne, die CDU startet einen Angriffswahlkampf gegen Helmut Schmidt:

> „Das Duell der Kontrahenten Strauß/Schmidt steht ganz im Vordergrund [des Wahlkampfes, Anm. d. V.]. Sympathien bzw. Antipathien überlagern wie nie zuvor Sachthemen und Probleme."[25]

---

[20] Plakate, Inserate, Flugblätter, Kandidatenbriefe, Straßenwahlkämpfe und Wahlversammlungen.

[21] Vgl. Eurich, Claus und Gerd Würzberg, 30 Jahre Fernsehalltag. Wie das Fernsehen unser Leben verändert hat, Hamburg 1983, S. 52.

[22] Vgl. Eltermann, Ludolf K., Kanzler und Oppositionsführer in der Wählergunst, Bonn 1980, S. 114.

[23] Vgl. Schrott, Peter und Jens Tenscher, Elefanten unter sich? Das Aufeinandertreffen von Moderatoren und Politikern in den deutschen Wahlkampfdebatten, in: Politische Vierteljahresschrift, 37. Jg., Nr. 3/1996, S. 447-474, S. 451-457.

[24] Vgl. Lehmann, Hans-Georg, Deutschland-Chronik 1945-1995, Bonn 1996, S. 225.

[25] Langguth, Gerd (Hrsg.), Politik und Plakat. 50 Jahre Plakatgeschichte am Beispiel der CDU, Bonn 1995, S. 151.

Um Strauß möglichst positiv erscheinen zu lassen und sein Image in der Bevölkerung zu verbessern, startet die CDU eine Freiluftkampagne für ihren Kanzlerkandidaten, stimmt ihre TV-Werbespots gänzlich auf Strauß ab und organisiert eine Reihe von Auslandsreisen, die Anlass für eine verstärkte Fernsehberichterstattung geben sollen. Außerdem tritt die Ehefrau Strauß' unterstützend bei politischen Veranstaltungen auf.

Auch in den folgenden zwei Wahlkämpfen stehen die Spitzenkandidaten der Parteien im Vordergrund des Wahlkampfes. Allerdings nimmt die Bedeutung politischer Sachthemen erneut zu, so dass gleichzeitig von einer „Repolitisierung des Wahlkampfes" gesprochen werden kann. Der Wahlkampfstratege der CDU, Peter Radunski ordnet die Wahlen 1987 demnach folgendermaßen ein:

> „Der Bundestagswahlkampf 1987 ist wieder eine politische Richtungsentscheidung. Tatsächlich sind in den westlichen Demokratien mit Stichworten wie Wertewandel, Umweltprobleme, Sicherheitsfragen und vor allem Arbeitslosigkeit die politischen Veränderungen so stark ins Bewusstsein der Wähler vorgedrungen, dass die Repolitisierung der Wahlkämpfe zwangsläufig wurde."[26]

1.1.6 Die 90er Jahre – eine neue Wahlkampfära

1990 stehen die Wahlen unter dem Einfluss der Wiedervereinigung. Die Ereignisse kommen dem Ansehen und der Popularität Helmut Kohls zugute. Der Kanzlerkandidat der SPD, Oskar Lafontaine hingegen wird Opfer seiner eigenen verhaltenen Einheitspolitik.[27] Bereits im Mai liegt der Sozialdemokrat in den Meinungsumfragen 13 Prozent hinter Kohl.[28]

Die CDU setzt daher auf einen Personalisierungswahlkampf mit dem „Vater der deutschen Einheit" an der Spitze.[29] Helmut Kohl wird bei allen zentralen Werbemitteln der CDU herausgestellt: *„Kanzler für Deutschland. CDU, Freiheit, Wohlstand, Sicherheit."* Bei der CDU wird die Einheit und die neue Situation für Deutschland Wahlkampfthema Nummer Eins.

Die SPD hingegen setzt weniger auf die Einheit in ihren Kampagnen, statt dessen stellt sie Themen in den Vordergrund ihres Wahlkampfes, die in der Euphorie der

---

[26] Peter Radunski, Werben für die Politik, in: Schalk, Willi, Thoma, Helmut und Peter Strahlendorf (Hrsg.), Jahrbuch der Werbung, Band 1, Düsseldorf 1988, S. 143-148, S. 143.
[27] Vgl. Bickerich, Wolfram, Helmut Kohl. Kanzler der Einheit, Düsseldorf 1995, S. 145.
[28] Vgl. Forschungsgruppe Wahlen, Bundestagswahl 1990. Eine Analyse der Wahl der ersten gesamtdeutschen Bundestagswahl am 2. Dezember 1990, Mannheim 1990, S. 28.

Einheit, besonders bei der Bevölkerung, weniger populär sind. Mit ihren Slogans sprechen die Sozialdemokraten ebenfalls die Kosten der Einheit an – somit setzt die SPD der „Hoffnungskampagne" der CDU eine „Angstkampagne" entgegen.[30]

Die CDU bleibt auch im Wahlkampf 1994 bei altbewährten Mustern. Einmal mehr wird den Sozialdemokraten eine Politik des Sozialismus vorgeworfen. Daneben setzen die Christdemokraten auf wirtschaftlichen Aufschwung. Die Medienkampagne der CDU bringt zahlreiche neue Elemente - in der Parteizentrale wird ein interviewgerechter Raum eingerichtet, für Hörfunkredaktionen wird ein O-Ton-Service angeboten.

Die SPD fordert mit ihrer Kampagne den politischen Wechsel: „*Freu Dich auf den Wechsel, Deutschland*" und „*Kanzlerwechsel*" lauten die Parolen. Rudolf Scharping allerdings muss als Kanzler zunächst einmal profiliert werden. Der „Mensch Scharping" steht dabei im Vordergrund. Allerdings wird auch immer wieder die Troika, bestehend aus Schröder, Scharping und Lafontaine in den Wahlkampf eingebunden. Abermals wird sowohl von Seiten der Christ-, als auch der Sozialdemokraten ein personalisierter Wahlkampf geführt.[31]

1.2 Die Geschichte des *Campaigning* in den USA

1.2.1 Die Anfänge der amerikanischen Wahlkämpfe

Zum Ende des 18. und Anfang des 19. Jahrhunderts gibt es in Amerika weder politische Berater, noch *Campaigning*. Der Wahlkampf im heutigen Sinne ist den Kandidaten unbekannt:

> „Presidential candidates were supposed to 'stand' for election, not 'run'. They did not make speeches. They did not shake hands. They did nothing to betray the slightest ambition for office. Candidates were supposed to stay on their farms in dignified silence, awaiting the people's call, as George Washington has done."[32]

Doch auch wenn den ersten Präsidenten der Vereinigten Staaten Kommunikationsstrategien zunächst gänzlich unbekannt sind, so wird den höchsten Amtsinhabern der Vereinigten Staaten schnell klar, von welcher Wichtigkeit die Medien als Vermittler

---

[29] Vgl. Semetko, Holli A. und Klaus Schönbach, Germany's „Unity Election". Voters and the Media, Cresskill 1994, S. 11.

[30] Vgl. Semetko und Schönbach, Germany's „Unity Election", S. 12.

[31] Vgl. Holtz-Bacha, Christina, Wahlwerbung als politische Kultur. Parteienspots im Fernsehen 1957-1998, Wiesbaden 2000, S. 139-144.

[32] Troy, Gill, See How They Ran. The Changing Role of the Presidential Candidate, Cambridge 1996, S. 7.

zwischen ihnen und der Bevölkerung sind.[33] Aufgrund der Größe des Staatsgebiets gibt es neben den sogenannten *Campaign Trails* nämlich nur eine Möglichkeit die politische Botschaft effizient zu streuen – durch Zeitungen. Die Presse wird folglich zur breiten Unterstützung politischer Vorhaben im Wahlkampf genutzt.

1840 lassen sich in den Vereinigten Staaten erstmals Züge der heutigen Form des Wahlkampfes erkennen. Die *Democratic Republicans*, die sich vier Jahre später in die *Democrats* umbenennen, stehen einer zweiten politischen Kraft gegenüber - den *Whigs*. Da beide Parteien zu bedeutenden Kräften im Wahlkampf avancieren, kommt dem *Campaigning* ein völlig neuer Stellenwert zu. Erstmals wird es professionell zur Stimmenmaximierung eingesetzt:

> „The Campaign was colorful and tuneful. A newspaper editor re-called the 1840 Whig campaign as a ceaseless torrent of music, still beginning, never ending. The entertainment was functional; that is, it interested people in public affairs. It provided a pleasant diversion."[34]

Der Präsidentschaftskandidat der *Whigs*, William Henry Harrison, nutzt diese neue Form des *Campaigning* auch auf seinem *Campaign Trail*. Mit enthusiastischen Reden, Liedern, Bannern, Slogans und Plakaten will Harrison Anhänger für sich und seine Partei werben. Kaum ein Wähler kann sich dabei dem Wahlkampf entziehen.[35]

Zusätzlich entwickeln die *Whigs* ein Netzwerk von Zeitungen – an oberster Stelle steht dabei „*The Log Cabin*". Mit einer Auflage von 100.000 Stück wird in den Ausgaben über alle Veranstaltungen der eigenen Kampagne informiert, zusätzlich sind Attacken auf den politischen Gegner in dem Blatt an der Tagesordnung.[36]

Rund 55 Jahre später ist eine deutliche Entwicklung des Wahlkampfes zu verzeichnen. Die traditionellen *Campaign Trails* werden noch professioneller genutzt. 1896 beispielsweise bereist der demokratische Präsidentschaftskandidat William Jennings 27 Bundesstaaten, legt dabei 18.000 Meilen zurück und hält 600 Reden. Auf diese Weise erreicht er fünf Millionen Menschen.[37]

---

[33] Vgl. Ripper, Heiko, Der Große Kommunikator. Die Medienstrategie Ronald Reagans im Kontext der US-Präsidenten, München 1998, S. 97.

[34] Hess, Stephen, The Presidential Campaign, 2. Auflage, Washington 1978, S. 63.

[35] Vgl. Perloff, Richard M., Political Communication. Politics, Press, and Public in America, Mahwah 1998, S. 265.

[36] Vgl. Kaltenthaler, Heike, Das Geheimnis des Wahlerfolgs. Negative Campaigning in den USA, Frankfurt am Main 2000, S. 36-37.

[37] Vgl. Andrea Böhm, Wer transpiriert, der verliert, in: TAZ, 10. Oktober 1992, S. 20.

1.2.2 Veränderte Vorzeichen

Im 20. Jahrhundert ändern sich die Vorzeichen unter denen Wahlkampf betrieben wird. Die Medien spielen eine immer größere Rolle, vor allem mit Erfindung und Verbreitung des Radios. Zwar erreicht das Medium nach seiner Einführung lediglich fünf Millionen Haushalte, trotzdem versucht 1928 erstmals ein Präsidentschaftskandidat, potentielle Wähler über das Radio zu erreichen. Der Demokrat Al Smith hält einen Abend vor der Wahl eine Hörfunkansprache. Dennoch verliert er die Wahl gegen den Republikaner Herbert Hoover. Der hatte in seinem Wahlkampf auf die Presse gesetzt, und die erreicht nach wie vor das Gros der Wähler.[38]

Mit der Einführung des Fernsehens und seiner rasanten Entwicklung verändert sich der Einfluss der Presse schnell. 1948 besitzen 400.000 Haushalte ein Fernsehgerät, vier Jahre später sind es bereits 19 Millionen Amerikaner. 60 Millionen der US-Haushalte verfügen über ein Radio – die Wahlkampfberichterstattung der Zeitungen ändert sich – vornehmlich analysieren und interpretieren die Journalisten der schreibenden Zunft den Wahlkampf – unterstützend werden *polls* durchgeführt, die zur politischen Berichterstattung hinzu gezogen werden:

> „By 1948 polls have become a staple of political reporting. Editors begin to place greater faith in numbers than in the eyewitness accounts of their reporters on the campaign trail."[39]

1952 findet der erste TV-Wahlkampf in der Geschichte der Vereinigten Staaten statt. Dwight D. Eisenhower engagiert für seine Kampagne erstmals einen PR-Mann aus dem Privatsektor: Rosser Reeves soll dem Präsidentschaftskandidaten seinen Weg ins Weiße Haus bahnen. Mit Hilfe des Fernsehens gelingt es Reeves, Eisenhower telegen ins rechte Licht zu rücken. Durch unterschiedliche 20-Sekunden-Spots unter dem Motto „Eisenhower antwortet Amerika" soll den Amerikanern suggeriert werden, dass der Republikaner auf jedes „politische Angstthema" eine Antwort hat.[40]

Erstmals wird die emotionale Wirkung des Fernsehens während eines Wahlkampfes deutlich. Denn der demokratische Gegenkandidat Eisenhowers, Adlai Stevenson, pflegt eine tiefe Abneigung gegen TV-Werbung. Er lässt daher achtzehn, ausführli-

---

[38] Vgl. Cormick, Richard P., The Presidential Game. The Origins of American Presidential Politics, Oxford 1982, S. 226-227.
[39] ohne Verfasser, Polls Play a Part, in: The Interactive Museum of News, 10. Mai 2002, unter: http://www.newseum.org/everyfouryears/onthecampaigntrail/html/5.htm.
[40] In den Spots stellen besorgt aussehende Bürger Eisenhower Fragen über Preisentwicklung, Krieg und Korruption.

che und rhetorisch überzeugende halbstündige Reden ausstrahlen und verkennt somit das neue Medium und die Belange der Zuschauer. Auf den Verlust der Wahl und die Schlappe im TV erklärt einer der Wahlkampfberater Stevensons scheinbar hellseherisch, mit Hilfe des Fernsehens werde das Land irgendwann einen professionellen Schauspieler ins Weiße Haus wählen.[41]

1964 wird erstmals *Negative Campaigning* in eine Kampagne eingebunden. Lyndon B. Johnson vermag es, mit einer führenden Werbeagentur an seiner Seite, seinen politischen Gegner, den Arizoonischen Senator Barry Goldwater, zu diskreditieren. Zwei TV-Spots suggerieren den Wählern, der Republikaner sei schon im kleinsten außenpolitischen Konfliktfall bereit, Atombomben einzusetzen.

Nach massiven Protesten seitens der Republikaner müssen die Demokraten die Wahlkampfspots zurückziehen. Doch erst dieser Rückzug macht die Kampagne interessant. Sämtliche Printmedien lassen sich über Inhalt und Absicht der Spots aus. Nicht zuletzt auch aufgrund der umstrittenen Positionen, die Goldwater im Wahlkampf einnimmt.

Was 1952 prophezeit wird, trifft in den folgenden Jahren ein. Das Fernsehen wird stark umworbenes Medium im Wahlkampf und 1980 wird mit Ronald Reagan tatsächlich ein Schauspieler ins Weiße Haus gewählt. Reagans Wahlkampf erinnert häufig an Dreharbeiten für einem Film. John P. Sears, einer der Wahlkampfberater Reagans, behauptet sogar, Reagan habe bei diversen Veranstaltungen oftmals auf Regieanweisungen gewartet, auf einen Textschreiber, der ihm einige Zeilen liefert.

Trotz dieser Gebaren versteht Reagan seine Reputation als Schauspieler durch wiederholte Anspielungen auf seine erfolgreiche Vergangenheit als Gouverneur an den Rand zu spielen. Die Präsidentschaftswahl 1980 erweist sich als massiver Wählerprotest gegen den Status Quo. Reagan zieht in das Weiße Haus ein, allerdings nicht ohne beträchtliche Hilfestellung seiner Berater.[42]

1.2.3 Bedeutungsverlust traditioneller Wahlkampfmittel

Anfang der 90er Jahre ist ein Bedeutungsverlust traditioneller Wahlkampfmittel zu verzeichnen. Zwar machen TV-Spots, Parteitage und Interviews mit den Starmoderatoren großer Sendeanstalten wie ABC, CBS und NBC noch einen Teil der Wahlkampf-

---

[41] Vgl. Böhm, Wer transpiriert, S. 20.
[42] Vgl. Lindsay, Robert, Kalifornischer Probelauf, in: Smith, Hedrick, Ronald Reagan. Weltmacht am Wendepunkt, 2. Auflage, Leoni 1981, S. 59-82, S. 79.

15

kampagnen der Kandidaten aus, zunehmend allerdings treten die Anwärter auf das Präsidentenamt in Talkshows und *call-in* – Programmen auf, in denen sie telefonisch Fragen von der politischen Konkurrenz und Zuschauern entgegennehmen.[43]

So werden im Wahljahr 1992 allein 96 Auftritte der Kandidaten Bill Clinton (47 Auftritte), Ross Perot (33 Auftritte) und George Bush (16 Auftritte) in den US- Sendungen *Larry King Live*, *Phil Donahue*, und den *ABC*, *NBC* und *CBS morning news* gezählt. Die sonst so durchgeplanten Konzepte konventioneller Medien gehen nicht mehr auf:

> „The conventional news media found themselves having to make room for a tacit coalition of the candidates, the voters, and ambitious alternative media such as the talk shows. [...] There were plenty of signs that voters were ready for a different kind of presidential campaign – and they got it."[44]

Zusätzlich zu einem neuen Stil des *Campaigning* hält das Internet Einzug in den Wahlkampf. Kandidaten haben neben ihrer Präsenz in den herkömmlichen Medien nun die Chance, sich unter anderem in *Chats* mit Wählern zu unterhalten und ihre Wahlkampfabsichten via E-Mail zu versenden oder auf der eigenen Homepage zu „posten".

Campaigning zum Ausgang des 20. Jahrhunderts in den USA ist daher mehr als nur traditioneller Wahlkampf. Es ist die Mixtur aus Strategie, Kommunikation und der Abschätzung des politischen Gegners.

Für die Wahlkampfberater der Präsidentschaftskandidaten ist *Campaigning* nicht nur eine bezahlte Aufgabe. Es ist die Verschmelzung von „Image-Inszenierung" und PR-Management, eine Wechselwirkung zwischen Expertenstab eines Kandidaten und der Presse, eine überdimensionale Finanzierungsmaschine, eine ausgeklügelte „*War Room*-Taktik". Es ist der Wettkampf um das, wie es sooft genannt wird, mächtigste Amt der Welt.

1.3 Der Begriff der „Amerikanisierung" des bundesdeutschen Wahlkampfes

Wird in der theoretischen Diskussion von Amerikanisierung gesprochen, so schließt dieser Terminus das *Campaigning* mit ein. Denn Amerikanisierung wird in erster Linie als eine Adaption amerikanischer Wahlkampfmethoden gesehen. Generell

---

[43] Vgl. Böhm, Wer transpiriert, S. 22.
[44] Lemert, James B., Elliot, William R., Rosenberg, William L. and James M. Bernstein, The Politics of Disenchantment. Bush, Clinton, Perot and the Press, Cresskill 1996, S. 2.

handelt es sich dabei um einen zunehmenden Trend zur Professionalisierung, Personalisierung und Mediatisierung.

Besonders in Verbindung mit den Bundestagswahlkämpfen 1998 und 2002 fällt immer wieder das Schlagwort „Amerikanisierung". Sei es in den großen Tageszeitungen wie *Die Welt* oder der *Süddeutsche Zeitung* oder in Magazinen wie *Der Spiegel* – eine immer stärker werdende Tendenz der amerikanischen Einflüsse wird von zahlreichen Journalisten festgestellt.[45]

Bei der Definition von „Amerikanisierung" gibt es divergente Sichtweisen. Demnach stellt der Prozess der Amerikanisierung für den Politik- und Kommunikationswissenschaftler Fritz Plasser aus *diffusionstheoretischer* Sicht nicht ausschließlich Personalisierung und Mediatisierung dar, sondern bezeichnet einen „einseitigen Konvergenzprozess" zwischen US-amerikanischer und europäischer Wahlkommunikation, bei der europäische Kommunikationsakteure zentrale Richtlinien und Strategien der Handlungslogik von ihren amerikanischen Vorbildern übernehmen. Dabei kann es sich sowohl um die Übernahme politischer Kommunikationsplanung des Politischen Marketing, als auch um die Kopie amerikanischer Berichterstattungsformate handeln.[46]

Vertreter der *modernisierungstheoretischen* Position belegen den Prozess der Amerikanisierung mit dem Einhergehen eines Strukturwandels in Politik, Gesellschaft und Mediensystem. Damit verbunden ist die Technologisierung, Individualisierung, Labialisierung und Fragmentierung der ursprünglichen politischen Öffentlichkeit, die zu einer intensivieren Spezialisierung und Professionalisierung führt. Diese Entwicklung orientiert sich am Prototypen einer fortgeschrittenen, medienzentrierten Demokratie, den USA. Allerdings bleiben dabei bezeichnende Komponenten der politischen Kommunikation in Westeuropa erhalten.[47]

Die Kommunikationswissenschaftlerin Christina Holtz-Bacha stimmt der modernisierungstheoretischen Position durchaus zu. Allerdings kommentiert sie den Struk-

---

[45] Vgl. Kister, Kurt, Stoiber, Sabine und Maybritt Schröder, Die Amerikanisierung des politischen Geschäfts, in: Süddeutsche Zeitung, 27. April 2002, S. 13. Oder:
Vgl. ohne Verfasser, Hamburger Dialog diskutiert über Marken in der Politk, in: Die Welt, 25. April 2002, S. 34. Oder:
Vgl. Deggerich, Markus, Wahlkampf-Macher, Arena gegen Kampa, in: Der Spiegel Online, 01. Februar 2002, unter: http://www.spiegel.de/politik/deutschland/0,1518,180124,00.html .
[46] Plasser, Fritz, „Amerikanisierung" der Wahlkommunikation in Westeuropa, in: Bohrmann, Hans, Jarren, Otfried, Melischek, Gabriele und Josef Seethaler (Hrsg), Wahlen und Politikvermittlung durch Massenmedien, Wiesbaden 2000, S. 49-67, S. 50-51.
[47] Vgl. Schoenbach, Klaus, The „Americanization" of German Election Campaigns: Any Impact on the Voters?, in: Swanson, David L. und Paolo Mancini (Hrsg.), Politics, Media, and Modern Democracy. An International Study of Innovations in Electoral Campaigning and Their Consequences, Westport 1996, S. 91-104, S. 88-89.

turwandel in der Gesellschaft, indem sie in der Amerikanisierung „die professionell organisierte Kampagne unter Berücksichtigung der Bedingungen, die sich aus den Veränderungen bei Wählerschaft und Medienlandschaft ergeben haben", sieht.[48]

Für einen Wandel der Wählerschaft steht hierbei der Verlust der Stammwähler und ihre Wahrnehmung von Politik. Immer weniger nämlich stößt eine sachliche Darstellung von Politik auf Aufmerksamkeit. Aufgrund dessen hat sich auch die Medienlandschaft verändert. Eine immer stärkere Orientierung am Boulevardismus ist zu erkennen, politische Sachfragen treten in der Berichterstattung immer weiter in den Hintergrund.

Die Professorin für Kommunikationswissenschaft Barbara Pfetsch geht in ihrer Definition von Amerikanisierung noch weiter. Für sie weist die Amerikanisierung noch weitere Charakteristika auf : Die Personalisierung der Kampagne, die Hervorhebung des Kandidatenwettstreits, Elemente des Angriffwahlkampfes, Ereignis- und Themenmanagement, Professionalisierung und den Einsatz von Marketingmethoden und Demoskopie.[49]

Für den Kommunikationswissenschaftler Frank Brettschneider sind die genannten Elemente zweifelsohne Teil der Amerikanisierung. Allerdings nennt er einen weiteren Punkt, der im Zusammenhang mit der Diskussion über Amerikanisierung eher selten genannt wird – die „Amerikanisierung der Medienberichterstattung über Wahlkämpfe".

Darunter fällt nicht nur die zunehmend wichtige Rolle des Fernsehens, sondern zusätzlich die sich verändernde Arbeitsweise der Medien. Demnach würde Sachpolitik in der Berichterstattung immer unwichtiger, Personen und der Wettkampfcharakter der Wahl würden in den Vordergrund treten.

Hinzu komme die Betonung von Pseudo-Events in der Berichterstattung. Durch diese Konzentration auf Scheinereignisse in den Medien produziere auch zunehmend die Politik Pseudo-Ereignisse um in den Medien Gehör zu finden.

Zusätzlich werde Politik, vor allem im Fernsehen, verkürzt dargestellt. Politiker kämen so immer seltener im O-Ton zu Wort, stattdessen würde ihr Verhalten kommentiert. Additiv nähme der Negativismus in der Berichterstattung zu.[50]

---

[48] Holtz-Bacha, Christina, Massenmedien und Wahlen. Die Professionalisierung der Kampagnen, in: Aus Politik und Zeitgeschichte, B 15-16/2002, S. 23-28, S. 27.
[49] Vgl. Pfetsch, Barbara, „Amerikanisierung" der politischen Kommunikation? Politik und Medien in Deutschland und den USA, in: Aus Politik und Zeitgeschichte, B 41-42/2001, S. 27-36, S. 27-28.
[50] Vgl. Brettschneider, Frank, „Amerikanisierung von Bundestagswahlen" – mehr als ein substanzloses Schlagwort?, Manuskript, S. 11.

Für den Wahlkampfstrategen Peter Radunski ist Amerikanisierung nichts anderes als ein Synonym für Modernisierung, in welcher der Wahlkampf einer Medienlogik folge. Diese Medienlogik führe zu einer erhöhten Präsenz von Politikern in Unterhaltungsshows. Generell aber sind für den Wahlkampfstrategen fünf Punkte von zentraler Bedeutung, wenn Amerikanisierung charakterisiert werden soll:

- *Der Kandidat ist wichtiger als die Partei.*

- *Professionelle Spezialisten steuern die Wahlkampfführung.*

- *Der Wahlkampfkampagne liegen umfangreiche Studien und Umfragen zugrunde.*

- *Der Wahlkampf wird vor allem mit Hilfe der elektronischen Medien geführt: Fernsehen, Hörfunk und Computer.*

- *Der Wähler wird direkt angesprochen – durch Briefe, Telefon und ehrenamtliche Helfer.*[51]

Was Radunski als die Amerikanisierung von Wahlkämpfen bezeichnet, legt die Kampagnenbeteiligung von Experten zugrunde – den sogenannten *Political Consultants*. Denn eine Kampagne nach amerikanischem Muster benötigt einen PR-Beraterstab, der eine ausgefeilte Medien- und Öffentlichkeitsarbeit meistert.

Dementsprechend häufig sind die Wahlkampfteams der Parteien auch mit Journalisten und Redakteuren besetzt, die Einblick in die Medienlandschaft haben und dort selbst Erfahrung gesammelt haben. Außerdem werden die Parteien im Wahlkampf von Agenturen unterstützt, die den kompletten Bereich des Marketing abdecken.

In den Mittelpunkt der Kampagnen rücken immer häufiger die Kandidaten selbst, Sachthemen treten dabei mehr und mehr in den Hintergrund. Dabei verkörpert der Spitzenkandidat die Politik und die Ziele seiner Partei. Personen werden zu einem Produkt, das vermarktet wird – sie sind Hauptdarsteller und zugleich Inhalt der Kampagne.

Zu den strategischen Vorbedingungen allerdings gehört hierbei, dass sich der Kandidat auf die geschlossene Unterstützung seiner Partei und seiner Anhängerschaft stützen kann.

---

[51] Radunski, Peter, Politisches Kommunikationsmanagement, Die Amerikanisierung der Wahlkämpfe, in: Hamm, Ingrid, Politik überzeugend vermitteln. Wahlkampfstrategien in Deutschland und den USA, Gütersloh 1996, S. 33-52, S. 34-35.

Die lohnendste Bühne, auf der ein Spitzenkandidat auftreten kann, ist zweifelsohne das Fernsehen. Denn ein Großteil der Bürger erlebt Politik nur noch in den Medien. Außerdem dienen Kandidaten einer Partei der visuellen Darstellung von Politik hervorragend - besser als das reine politische Handeln, welches theoretisch und damit schwer zu vermitteln ist.[52]

Der Fernsehwahlkampf beschränkt sich hierbei nicht auf die Nachrichten oder auf politische Magazine, besondere Beachtung finden bei den Bürgern nach wie vor Talkshows und Unterhaltungssendungen. Die Konzepte dieser Sendungen werden häufig von amerikanischen Schemata kopiert.[53]

Zur Mediatisierung von Wahlkämpfen zählt auch das Internet. Schwer zugängliche Wählergruppen scheinen durch das interaktive Medium gut erreichbar. Zum Wahlkampf stellen die Parteien virtuelle Wahlkampfzentralen ins Netz, zusätzlich zu den Seiten der Parteien kommen noch die der Kandidaten hinzu. Auch hier sind amerikanische Internetkampagnen Vorbild für bundesdeutsche Projekte.[54]

1.4 Der Einfluss von Massenmedien im Wahlkampf

1.4.1 Wirkung der Massenmedien auf die Meinungsbildung

Die Morgennachrichten beim Zähneputzen hören, beim Frühstück die Zeitung lesen, auf dem Weg zur Arbeit das Autoradio einschalten, im Büro online gehen und sich auf das Fernsehprogramm nach Dienstschluss freuen – so könnte grob der Medienalltag eines durchschnittlichen Bundesbürgers skizziert werden. Nahezu jeder Haushalt in Deutschland verfügt über einen Fernseher, der durchschnittlich drei Stunden pro Tag genutzt wird.[55] Auch die übrig gängigen Massenmedien[56] werden auf unverändert hohem Niveau rezipiert.

Der Stellenwert, den die Medien in unserer Gesellschaft einnehmen, ist hoch. Wie groß die Rolle ist, welche die Medien besonders bei der Vermittlung von Politik

---

[52] Vgl. Holtz-Bacha, Massenmedien und Wahlen, S. 21.

[53] Vgl. Schütte, Georg, Die USA, Europa und der Markt: Kontexte der Entwicklung von Fernsehinformationssendungen, in: Wenzel, Harald (Hrsg.), Die Amerikanisierung des Medienalltags, Frankfurt am Main 1998, S. 155-182, S. 158-159.

[54] Das ging aus persönlichen Interviews mit Wahlkampfstrategen von der CDU (Herrn Oliver Röseler, Mitarbeiter des Stoiber-Team) und der SPD (Herrn Lutz Meyer, Büroleiter des Bundesgeschäftsführers Matthias Machnig) hervor. Die Befragung fand am 25. April 2002 in Berlin statt.

[55] Vgl. Darschin, Wolfgang und Bernward Frank, Tendenzen im Zuschauerverhalten. Fernsehgewohnheiten und Programmbewertungen 1997, in: Media Perspektiven, 4/1998, S. 134-166, S. 134.

[56] Gemeint sind hiermit Zeitschriften, Bücher, Tonträger aller Art.

spielen, damit befasst sich unter anderem die Kommunikationsforschung.[57] Das „beliebteste *Setting*" für diese Forschung sind Wahlkämpfe.[58] Allerdings können Kommunikationswissenschaftler dabei auf keine allzu lange Tradition zurückblicken.

1944 wird eine Studie von den Sozialforschern Paul F. Lazarsfeld, Bernard Berelson und Hazel Gaudet veröffentlicht, die den Entscheidungsfindungsprozess von Wählern bei einer Präsidentschaftswahl beleuchtet. Die Wissenschaftler allerdings ziehen zu ihrer Untersuchung nur das Radio und die Printmedien heran.

Die Studie kommt zu dem Ergebnis, dass den Medien eine Einflussmöglichkeit auf die Wahlentscheidung der Bürger abgesprochen werden kann.[59] Grund hierfür sei die sogenannte *Verstärkerthese* oder die These *minimaler Medieneffekte*, die besagt, dass politische Einstellungen durch die Massenmedien in der Regel nicht verändert, sondern nur verstärkt würden.

Eine zweite These, die These vom *Zwei-Stufen-Fluss* der Kommunikation, besagt, dass politische Einflussnahme häufiger über Personenkontakte als über die Medien stattfindet. Sogenannte Meinungsführer, die allerdings überdurchschnittlich viele Medienkontakte haben, seien hierbei Bindeglied zwischen Wählern und Massenmedien. So entstehe im Wahlkampf ein zweistufiger Kommunikationsfluss.

Zwei Jahrzehnte lang galt diese Theorie als gesicherte Erkenntnis über die Wirkung von Massenmedien. Zu Beginn der siebziger Jahre stellten verschiedene Autoren diese Theorie in Frage.

So auch die Sozialforscherin Elisabeth Noelle-Neumann, die sich mit ihrer Veröffentlichung des Buches „Die Schweigespirale" auf Ergebnisse von Wahlumfragen stützt. Die Theorie der Schweigespirale basiert auf der Annahme, dass sich die Individuen aus Furcht vor Isolation an der Mehrheitsmeinung ihrer Umwelt orientieren.

Demnach würden sie schweigen, wenn sie sich in der Minderheit fühlen. Laut Noelle-Neumann könnten die Medien als eine Quelle der Umweltbeobachtung eine Schweigespirale in Gang setzen, wenn sie häufig und gleichförmig über ein Thema berichten und demnach beeinflussend auf das Individuum wirken.[60]

Die Kommunikationsforscherin verbreitet mit ihren Erkenntnissen die Hinwendung zum Konzept einflussreicher Medien und widerspricht damit den vorangegange-

---

[57] Die Ergebnisse dieser jahrzehntelangen Forschung wurden immer wieder auch von der Politik zur Strategieplanung von Wahlkampagnen herangezogen.
[58] Holtz-Bacha, Massenmedien und Wahlen, S. 9.
[59] Vgl. Lazarsfeld, Paul Felix, Berelson, Bernard und Hazel Gaudet, The People's Choice. How the Voter Makes Up His Mind in a Presidential Campaign, 3. Ausgabe, New York 1969, S. 157-159.

nen Theorien einer unzureichenden Einflussnahme des Wählers durch die Medien. Das Fernsehen als Medium nimmt dabei eine wahlentscheidende Wirkung ein. Noelle-Neumanns Theorie wird nach ihrer Veröffentlichung 1976 zunächst stark kritisiert.

Heute allerdings ist die Wirkung von Massenmedien auf die Meinungsbildung bestätigt, denn Resultate von Medieninhaltsanalysen und Trenddaten der Meinungsforschung konnten kontinuierlich miteinander verknüpft werden. Demnach kann man von einer „Kumulation von Evidenz starker Medienwirkung" gesprochen werden.[61]

Einhergehend mit dieser Erkenntnis kann auch die These, das die Medien zwar eine „Tagesordnungsfunktion" innehaben würden, diese aber nur beeinflussend auf die Gedanken der Menschen einwirken würden, als überholt angesehen werden – denn auch Meinungen der Rezipienten können durch Einwirkung der Medien verändert werden.

Allerdings ist der Grad der Beeinflussung dabei unterschiedlich. Differenziert werden muss hierbei zwischen verschiedenen Medien. So gehen Kommunikationsforscher von einer höheren Beeinflussung der Rezipienten durch das Fernsehen, als durch die Zeitung aus. Je weniger die Bevölkerung über ein bestimmtes Thema informiert ist, umso leichter ist die Beeinflussung durch die Medien.

Der Kommunikationswissenschaftler Winfried Schulz gelangt zu dem Schluss, dass die Massenmedien häufig als erste und wichtigste Informationsquelle für neue Themen und Inhalte bei den Wählern angesehen werden können. Oftmals seien diese an der Meinungsbildung des Bürgers beteiligt. Zu Wahlkampfzeiten beispielsweise sei somit eine medienunabhängige Meinungsbildung beim Wähler weitestgehend ausgeschlossen.[62]

1.4.2 Wirkung von Wahlkämpfen auf die Meinungsbildung

Betrachtet man die Medienwirkungsforschung speziell in Wahlkämpfen genauer, so gibt es auch auf diesem Gebiet divergente Meinungen. Die Medienforscher Mi-

---

[60] Vgl. Noelle-Neumann, Elisabeth, Die Schweigespirale. Öffentliche Meinung – unsere soziale Haut. München 1980, S. 40-43.
[61] Noelle-Neumann, Elisabeth, Wirkung der Massenmedien auf die Meinungsbildung, in: Noelle-Neumann, Elisabeth, Schulz, Winfried und Jürgen Wilke (Hrsg.), Das Fischer Lexikon. Publizistik Massenkommunikation, 7. Auflage, Frankfurt am Main 2000, S. 518-571, S. 519.
[62] Vgl. Schulz, Winfried, Politische Kommunikation. Theoretische Ansätze und Ergebnisse empirischer Forschung, Opladen 1997, S. 180.

chael Darkow und Michael Buß beispielsweise warnen vor einer Überschätzung des Beeinflussungspotentials von Wahlkämpfen und Kampagnen durch die Medien. Ihre Erkenntnisse beziehen sie aus einer Trenduntersuchung sowie einem Tagebuchpanel aus der Wahlkampfphase zur Bundestagswahl 1980. Diese Befragung von Wählern zeigt, dass Wahlkämpfen generell kein übermäßiges Interesse entgegengebracht wird. Zwar gaben die Befragten an, von Wahlkampagnen auf medialem Wege erreicht zu werden, allerdings ohne den Kampagnen jegliche Aufmerksamkeit zu schenken.[63]

Die Kommunikationswissenschaftler Holli Semetko und Klaus Schönbach hingegen bestreiten nicht, dass Wahlwerbung der Parteien und eine spezifische Berichterstattung zur Wahl auf den Wähler bis zum letztendlichen Gang zur Wahlurne beeinflussend wirken können.[64] Ihre Ergebnisse beziehen sie dabei aus einer Studie zur Bundestagswahl 1990.

Radunski teilt diese Einschätzungen ebenfalls. In seinen Publikationen hat der mehrmalige CDU-Wahlkampfleiter immer wieder herausgestellt, dass die Massenmedien eine beeinflussende Wirkung auf die Wähler haben. Bei seinen Untersuchungen geht Radunski allerdings nur auf die äußeren Umstände des Wahlkampfes ein, die Medienwirkungsforschung bleibt bei ihm unerwähnt.

Trotzdem sieht der Wahlkampfstratege den Einsatz von Massenmedien als unabdingbar für den Erfolg einer Kampagne an. Allerdings betont er auch, dass der enorme Bedeutungsverlust von Politik unterbunden werden muss, damit die Wähler wieder zahlreicher zur Wahlurne geführt werden.[65]

Auch Holtz-Bacha bestreitet nicht, dass „von den Medien im Wahlkampf Wirkungen ausgehen", allerdings bestreitet sie, dass „eine direkte Wirkung der Medien auf die Wahlentscheidung" zu erwarten ist.[66] Denn wäre generell eine Einwirkung auf die Entscheidung des Wählers gegeben, dann wäre dieser Entschluss abhängig von einer Reihe von Einflussfaktoren, die nicht nur von der Berichterstattung in den Medien, sondern auch von den Wählern und Wählerinnen selbst ausgehen.

Die Kommunikationswissenschaftler Hans-Mathias Kepplinger und Hans-Bernd Brosius sehen einen ganz eindeutigen Einfluss der Fernsehberichterstattung auf die

---

[63] Vgl. Darkow, Michael und Michael Buß, Der Bundestagswahlkampf 1980 – ein Ereignis am Rande des Alltags, in: Schulz, Winfried und Klaus Schönbach (Hrsg.), Massenmedien und Wahlen. Mass media and elections: International research perspectives, München 1983, S. 446-463, S. 460-462.

[64] Vgl. Semetko und Schönbach, Germany's „Unity Election", S. 77.

[65] Vgl. Radunski, Politisches Kommunikationsmanagement, S.50-51.

[66] Holtz-Bacha, Massenmedien und Wahlen, S. 27.

Wahlabsichten der Bevölkerung. Bezugnehmend auf eine Auswertung von Daten aus dem Bundestagswahlkampf 1987 kommen die Wissenschaftler zu dem Ergebnis, dass Medienberichte über diverse politische Themen einen Einfluss auf die „Parteineigung" des Wählers auch dann ausüben, wenn die Parteibindung berücksichtigt wird.[67]

Kommunikationswissenschaftler stimmen allerdings, wie hier teilweise darge-stellt, nicht immer über die Wirkung von Massenmedien im Wahlkampf überein. Das mag an zwei Defiziten liegen, welche die Wahlforschung generell aufweist: die Kon-zentration auf grundsätzlich nur kurzzeitige, im direkten Umkreis einer Wahl stattfin-dende Wirkungen und die Ermittlung von Verhaltensintentionen, die keine zuverlässige Auskunft über die tatsächliche Stimmabgabe erkennen lässt.[68]

Auch wenn sich daher über den Wert der vielfältigen Ergebnisse der Kommuni-kationswissenschaft zur Rolle der Medien in Wahlkämpfen streiten lässt, haben die deutschen Parteien für ihre Wahlkampfstrategie schon lange entschieden, die Gewin-nung der Aufmerksamkeit der Wähler durch die Medien zu erreichen. Symbolische und rhetorische Politik, dargestellt in den Massenmedien, soll für Stimmenmaximierung in der Bevölkerung sorgen und somit für einen erfolgreichen Wahlkampf garantieren.

1.5 Zusammenfassung

Die Geschichte des deutschen Wahlkampfes zeigt, dass bereits zu Zeiten des Kaiserreichs moderne Formen des Massenwahlkampfes zu beobachten sind. Der Einsatz von Wahlkampfplakaten dient schon damals der Beeinflussung der Wähler und somit der Stimmenmaximierung.

Daneben wird die Zeitung als Vermittlungsmedium politischer Botschaften im Wahlkampf genutzt. In den zwanziger Jahren kommt ein zweites Massenmedium hinzu – das Radio. Die Parteien der Weimarer Republik nutzen es zur Übermittlung von Wahlkampfreden.

Mit Gründung der Bundesrepublik und dem damit einhergehenden Wandel in der Parteienlandschaft, verändern sich auch die Formen des Wahlkampfes. Die Kam-pagnen werden „moderner" - professionelle Wahlkampfausschüsse sollen sich aus-schließlich um die Präsentation der Parteien in der Öffentlichkeit kümmern.

---

[67] Vgl. Kepplinger, Hans Mathias und Hans-Bernd Brosius, Der Einfluss der Parteibindung und der Fern-sehberichterstattung auf die Wahlabsichten der Bevölkerung, in: Kaase, Max und Hans-Dieter Klingemann (Hrsg.), Wahlen und Wähler. Analyse aus Anlass der Bundestagswahl 1987, Opladen 1990, S. 675-686, S. 684.

Bereits in den fünfziger Jahren ist im bundesdeutschen Wahlkampf eine Konzentration auf die Kanzlerkandidaten der CDU und SPD – Adenauer und Ollenhauer zu verzeichnen. Diese werden im Rahmen der Wahlkampagnen in den Mittelpunkt gestellt. Eine Personalisierungstendenz ist somit schon früh in der Bundesrepublik auszumachen.

Auch das Kopieren amerikanischer Wahlkampfstrategien und ein Professionalisierungsstreben prägen bundesdeutsche Wahlkampagnen. Die Hinwendung zu innovativen Elementen, die aus dem Ausland adaptiert werden und zur Belebung der Wahlkampagne beitragen sollen, geschieht erstmals 1959. So werden sozialdemokratische Vertreter zur Beobachtung des ausländischen Wahlkampfes in die USA und nach Großbritannien geschickt.

Eine Mediatisierungstendenz im bundesdeutschen Wahlkampf kann spätestens mit Einführung des Fernsehens in den sechziger Jahren nicht mehr geleugnet werden. Schnell erkennen deutsche Wahlkampfteams – auch aufgrund von in den USA erlangten Erkenntnissen - seine beeinflussende Wirkung in der Bevölkerung und setzen es zu Wahlkampfzwecken ein.

Die Betrachtung bundesdeutscher Wahlkämpfe zeigt, dass die Parteien häufig, Amerika zugewandt, nach neuen Kampagnenkonzepten suchten. Nicht ohne Grund, denn der Vergleich von amerikanischer und deutscher Wahlkampfgeschichte zeigt, dass die Entwicklung der Nutzung von Medien zu Wahlkampfzwecken in Amerika eine schnellere Entwicklung als in Deutschland nahm. So vollzog sich in den USA nicht nur die Verbreitung des Fernsehens in den sechziger Jahren rapider, auch die Hinzunahme des Internets als Wahlkampfmedium in den neunziger Jahren geschah frühzeitiger als in Deutschland.

Zusammenfassend kann dennoch nur von einer partiellen Amerikanisierungstendenz im bundesdeutschen Wahlkampf gesprochen werden. Berücksichtigt man die unter Punkt 1.3 dargestellten Begriffsumschreibungen für den Prozess der Amerikanisierung, so kann die *diffusionstheoretische* Sicht von Plasser durchaus auf den deutschen Wahlkampf angewandt werden. Ebenfalls lassen sich die fünf Elemente aus dem Amerikanisierungskonzept Radunskis übertragen.

Eine Amerikanisierung, wie sie Pfetsch definiert, kann in der Geschichte bundesdeutscher Wahlkämpfe allerdings nur teilweise nachgewiesen werden, denn die Amerikanisierung der Medienberichterstattung oder der Einsatz von Marketingmetho-

---

[68] Vgl. Holtz-Bacha, Massenmedien und Wahlen, S. 32-36.

den zeichnen sich erst seit den neunziger Jahren ab. Professionalisierungs-, Personalisierungs-, und Mediatisierungstendenzen sowie die Nutzung der Demoskopie, sind allerdings, wie schon erwähnt, kein Novum für deutsche Kampagnen. Auch wenn ihre Intensität im bundesdeutschen Wahlkampf geringer als im Amerikanischen ist.

Mit hoher Intensität wird in der jahrzehntelangen Entwicklung des bundesdeutschen Wahlkampfes jedoch der Bereich der Medienwirkungsforschung in Kampagnen berücksichtigt. Das Konzept der Schweigespirale führte in den siebziger Jahren zu einer verstärkten Konzentration von Wahlkampagnen auf die Medien, da erstmals eine Hinwendung zum Konzept einflussreicher Medien zu verzeichnen ist.

Eine final gefestigte Aussage über das Beeinflussungspotential von Massenmedien kann allerdings erst in den neunziger Jahren getroffen werden. Erstmals kann anhand von Langzeitstudien von einer Evidenz starker Medienwirkung gesprochen werden. Diese Studien schließen eine vorhandene *Agenda-Setting*-Funktion der Medien mit ein.

Über den Grad der Wirkung von Wahlkämpfen auf die Meinungsbildung der Wähler allerdings streiten Experten schon seit Jahren. Demnach wird der Wahlwerbung und öffentlichen Kampagnen einerseits eine beeinflussende Wirkung auf die Einstellung der Wähler abgesprochen, andererseits wird diese befürwortet. Unabhängig von diesen divergenten Sichtweisen jedoch werden sowohl in Deutschland als auch in den USA Kampagnen verstärkter und konzentrierter denn je zur Stimmenmaximierung eingesetzt.

2. *Campaigning* in den USA

2.1 Kommunikation als zentrale Herausforderung

2.1.1 Professionalisierung der politischen Faktoren

Dem Informationszeitalter der Mediatisierung kann sich Politik nicht entziehen – darüber sind sich sowohl Experten aus Medien als auch aus der Politik einig. Um in Erscheinung zu treten und von potentiellen Wählern wahrgenommen und akzeptiert zu werden, müssen Politiker auf die Medien zugehen und sie besonders im Wahlkampf als Vermittlungsmedium nutzen.

Eine effektive Medienarbeit erfordert hohe Professionalität. Parteien und Politiker müssen ein klares Konzept und eine durchdachte Strategie, sowie Professionalität in Planung und Ausführung an den Tag legen, damit politische Themen und Programme effektiv vermittelt werden können.

Um diese Professionalität zu gewährleisten, haben die Präsidentschaftskandidaten in den USA Dutzende Berater, sogenannte *Political Consultants*, die zum Großteil selber auch aus dem medialen Bereich kommen. Die Aufgabe der PR-Manager, Werbeprofis und Journalisten ist, die Politik ihres Arbeitgebers zu vermarkten, indem seine Kommunikation professionalisiert wird. In diesem Geflecht ist der Kandidat Käufer, der Wahlkampfberater Verkäufer einer speziellen Dienstleistung.[69] Oder anders ausgedrückt – Öffentlichkeitsberater und Kandidat sind Regisseur und Schauspieler, wobei der Berater als Regisseur „die Stoßrichtung der politischen Auseinandersetzung bestimmen kann".[70]

Der Kandidat wird vermarktet wie ein Produkt, zu dem die Wähler eine positive und enge Beziehung aufbauen sollen, so dass der „Stimmenmarktanteil" des Kandidaten bei der Wahl besonders hoch ausfällt. Dabei werden Erkenntnisse und Arbeitsweisen aus der Demoskopie, der Psychologie, der Medien- und Kommunikationswissenschaften, der Soziologie, sowie aus dem Werbe- und Kommunikationsdesign konsequent und auf höchstem professionellen Niveau mit in die Planung und Umsetzung der Wahlkampfkampagne mit einbezogen.

Bereits seit dreißig Jahren gibt es die Profession der *Political Consultants* in den USA. Die Berater arbeiten auf Vertragsbasis und in Präsidentschaftskampagnen exklusiv für nur ein Wahlkampfteam. Häufig sind die *Consultants* Spezialisten, das heißt, der Kandidat muss sich ein Team von Beratern zusammen stellen.

Für jede Wahl wird eine neue Wahlkampforganisation gegründet, dabei ist jeder Kandidat, im Gegensatz zum bundesdeutschen Wahlkampf, für seinen eigenen Wahlkampf verantwortlich.[71]

Den Kampagnen liegen häufig zahlreiche Untersuchungen und Studien zugrunde. Die Arbeit von Demoskopen und Strategen zielt darauf ab, Wahlkreise zu analysieren, Themen auszutesten und Argumente und Werbemittel zu erproben. Es findet professionelles Themen- und Ereignismanagement statt.[72] Aus den gewonnenen Erkennt-

---

[69] Vgl. Althaus, Marco, Wahlkampf als Beruf. Die Professionalisierung der Political Consultants in den USA, Frankfurt am Main 1998, S. 44-45.

[70] Holzer, Werner, Von Hexenmeistern und Media-Handwerkern. Politische Öffentlichkeitsarbeit in den USA – ein (un-)heimliches Wesen, in: Hamm, Ingrid (Hrsg.), Politik überzeugend vermitteln. Wahlkampfstrategien in Deutschland und den USA, Gütersloh 1996, S. 117-148, S. 126.

[71] Vgl. Althaus, Marco, Political Consulting. Beratung durch Profis in amerikanischen Wahlkämpfen, in: Althaus, Marco (Hrsg.), Kampagne! Neue Strategien für Wahlkampf, PR und Lobbying, 2. Auflage, Münster 2001, S. 198-214, S. 200-201.

[72] Vgl. Plasser, „Amerikanisierung" der Wahlkommunikation, S. 51.

nissen wird dann ein Wahlkampfplan geformt. Dieser soll vor allem die bestmögliche Verwendung von Zeit, Talent, Organisation und Geld vereinen.[73]

Political Consultants nehmen im Wahlkampf der Kandidaten die wichtigste Rolle ein. Das liegt vor allem daran, dass sich die Kandidaten im Gegensatz zum Wahlkampf in Europa auf keine effizient arbeitende Parteimaschinerie verlassen können. Ihnen arbeiten im Rahmen der Kampagne Spezialisten aus anderen Bereichen zu.

Die sogenannten *Spin Doctors* sind dabei Öffentlichkeitsarbeiter, die durch eine Beeinflussung der Journalisten eine sich entwickelnde Story in eine bestimmte Richtung „hindrehen", ihr also eine bestimmte Färbung beziehungsweise einen bestimmten Drall (*spin*) geben.[74]

Die *Hired Guns* eines Wahlkampfteams wiederum sind verantwortlich für die großen Überraschungen einer Kampagne. Sie zaubern häufig im Dunkeln, kennen und nutzen die Psychologie oder Meinungsumfragen um ihre Kandidaten nach vorne zu bringen.[75]

Die Diskreditierung der politischen Gegner und die positive Positionierung des eigenen Bewerbers um ein politisches Amt nehmen bei einer Kampagne ebenso großes Gewicht ein, wie die Nutzung der Kommunikationsstrategien.[76] So wird auch James Carville, einst Wahlkampfberater von Clinton, nachgesagt, es sei allein seiner exzellenten Arbeit für den Präsidentschaftskandidaten zu verdanken, dass dieser mit dem von Carville kreierten Slogan „*It's the economy, stupid*" ins Weiße Haus einzog.[77]

Allerdings, was zahlreiche Politiker und auch einige ihrer Öffentlichkeitsberater abstreiten, scheint in Amerika häufig der Fall zu sein: Das *Agenda Setting* einer Kampagne findet nicht durch den Kandidaten selbst statt, sondern der Einfluss seiner Berater und Meinungsforscher auf die Themen der Tagesordnung ist extrem hoch.

Hierdurch wird ein Trend zum Populismus unterstützt, denn die *Political Consultants* zielen mit ihren PR-Aktivitäten - oft ohne Rücksicht auf Verluste - auf den Wahlsieg, der für sie mehr Geld und Ruhm einbringt als das Verlieren einer Wahl.[78]

---

[73] Vgl. Althaus, Kampagne!, S. 200.

[74] Im weiteren Sinne können unter der Berufsbezeichnung des *Spin Doctors* allerdings auch alle PR-Manager und Strategen verstanden werden, die öffentliche Auftritte und Aussagen des Kandidaten planen und steuern.

[75] Vgl. Kerbel, Matthew Robert, Remote and Controlled. Media Politics in a Cynical Age, 2. Auflage, Boulder 1999, S. 89-94.

[76] Vgl. Günsche, Karl-Ludwig, Er sagt, wann Schröder Klartext reden soll. Der *Spin Doctor* als Taktiker, um den Gegner auszuspielen, in: Die Welt, 23. Mai 1998, S. 3.

[77] Vgl. Schwelien, Michael, Mit Macht entspannen, in: Die Zeit Online, 16. Juni 2002, unter: http://www.zeit.de/2001/04/Reisen/200104_washington.html.

[78] Vgl. Holzer, Von Hexenmeistern und Media-Handwerkern, S. 121.

Auch der amerikanische Journalist Jerry Hagstrom betont den Einfluss der Beraterindustrie auf die Politiker. In einer Untersuchung für das „*Freedom Forum Media Studies Center*" der *Columbia-University* in New York City fand Hagstrom heraus, dass „die meisten Bewerber um ein öffentliches Amt [in den USA, Anmerkung der Verfasserin] offen bekennen, dass die Auswahl des richtigen Medienberaters die wichtigste Entscheidung ist, die sie während ihres Wahlkampfes zu treffen hätten."[79]

2.1.2 *Age of missing information*

Neben der durchdachten Wahl des *Political Consultant* seitens des Kandidaten ist der professionelle Umgang mit den Medien von besonderer Wichtigkeit. Denn als *Agenda-Setter* bestimmen Journalisten und Redakteure, welche politischen Inhalte und Prozesse für die Berichterstattung interessant sind und welche nicht. Politische Öffentlichkeit wird über die Medien hergestellt, denn lediglich das was nach außen kommuniziert und vermittelt wird, wird auch vom Rezipienten wahrgenommen.

Bei der Wahlkampfberichterstattung in den Medien ist allerdings ein Trend weg von politischen Inhalten hin zu Boulevardthemen erkennbar. *Images* statt *Issues* lautet die Parole in den USA schon lange. Der amerikanische Medienanalyst und Gründer des Forschungsinstituts für Medienanalysen *Mediachannel*, Danny Schechter, unterstützt die These des „Trends zum Infotainment" und führt dabei ein Beispiel aus dem amerikanischen Präsidentschaftswahlkampf 2000 an:

> „The media helped to pollute the environment in which Election 2000 took place. The decision to ignore important political issues had a significant impact on the election outcome. [...] The media focused on personalities more than on issues, offering few in-depth investigative features."[80]

Der Trend in der Berichterstattung setzt also häufig auf Themen, die im Kern politische Botschaften vermissen lassen – so stehen das Kopf-an-Kopf-Rennen (*horse race*), die Berichterstattung über das familiäre Umfeld der Kandidaten und die Meinungsmache *(opinionizing)* an erster Stelle in Artikeln und Reportagen.

---

[79] Zitiert nach: Hagstrom, Jerry, Political Consulting. A Guide for Reporters and Citizens, New York 1992, S. 121.
[80] Media Tenor (Hrsg.), Agenda Setting 2001: Mass Media and Public Opinion, Conference Material zum gleichnamigen Workshop vom 31. Oktober bis 2. November 2001 im Hotel Königshof in Bonn, Bonn 2001, S. 35.

Dementsprechend widmete sich die *New York Times* im Wahljahr 2000 in ihrer täglichen acht bis zwölf Seiten starken Berichterstattung zur Wahl nur bis zu zwölf Prozent politischen Inhalten – 22 Prozent der Artikel hingegen beinhalten das *Campaigning* als Thema generell, 15 Prozent setzten sich mit den *horse race* zwischen den Kandidaten auseinander.

In der *USA Today* wird die Diskrepanz zwischen politischen Inhalten und der Beschäftigung mit weniger sachlichen Themen noch deutlicher. Nur vier Prozent der Berichterstattung widmet sich Parteiprogrammen und Wahlkampfinhalten, allerdings 29 Prozent der Artikel konzentrieren sich auf das *horse race*, 19 Prozent auf das *Campaigning*.[81]

Politischer Gehalt wird in den USA häufig als langweilig dargestellt, als ein Bereich, der nur für Analysten, Experten und Journalisten interessant ist. Führende Politiker werden zunehmend wie Stars gehandelt, hingegen scheinen Vertreter der Medien ihre Aufgabe übernehmen zu wollen indem sie in ihrer Rolle als Kommentatoren und Beobachter zunehmend selbst Politik machen.[82]

An die Stelle von Wahlkampfinhalten und Parteiprogrammen tritt Entertainment – berichtet wird über die Haustiere der Präsidentschaftskandidaten, über deren Hobbies und Familien.[83] Journalisten und Redakteure orientieren die veränderte und wenig gehaltvolle Berichterstattung an den Kriterien der Publikumsrelevanz. Bereiche wie Klatsch und Tratsch, *human interest* und Unterhaltung gewinnen in den Medien und somit auch im Wahlkampf immer weiter an Bedeutung.[84]

Der amerikanische Wahlkampfexperte Robert Watson bewertet die politische Berichterstattung ebenfalls als sensationslastig: „Political reporting is an oxymoron." Watson verurteilt die Gewichtung auf sogenannte *soft news* in der amerikanischen Medienlandschaft. Die Sendeformate, besonders im Fernsehen, ließen häufig eine ausführ-

---

[81] Vgl. Media Tenor, Agenda Setting 2001, S. 36.
Die Daten beruhen auf einer Auswertung der *New York Times* und der *USA Today* zwischen dem 21. und 29. Februar 2000 durch das amerikanische Forschungsinstitut *Mediachannel*.
[82] Vgl. Hart, Gary, Medien und Politik im Amerika des ausgehenden zwanzigsten Jahrhunderts. Analyse und Ausblick, in: Hamm, Ingrid (Hrsg.), Politik überzeugend vermitteln. Wahlkampfstrategien in Deutschland und den USA, Gütersloh 1996, S. 149-162, S. 150.
[83] In einer Umfrage vor der Präsidentschaftswahl 1996 in den USA wurden die Wähler zu ihrem Wissen über politische Inhalte und Daten und Fakten zu den Kandidaten befragt. Die Mehrzahl der Wähler wusste zwar den Namen von Clintons Hund, konnte jedoch nicht eines seiner politischen Ziele nennen.
[84] Vgl. Bürklin, Wilhelm und Markus Klein, Wahlen und Wählerverhalten, 2. Auflage, Opladen 1998, S. 181.

liche Darstellung von politischen Inhalten nicht zu. Präsidentschaftskandidaten hätten in den Medien kaum die Chance, ihre Ziele und Positionen ausführlich darzustellen.[85]

Die starke Orientierung der Präsidentschaftskandidaten auf die Medien hat Rückwirkungen auf die Art und Weise wie Politik dargestellt wird, wie Kommunikationsstrategien in Wahlkampfstäben ausgearbeitet werden und die Politikvermittlung seitens der Kandidaten stattfindet. Komplexe Sachverhalte werden zunehmend medienwirksam und somit verkürzt dargestellt, Politik nimmt immer stärkere Formen der Inszenierung an.[86]

In den USA beispielsweise werden Reden der Kandidaten von Redenschreibern auf *sound bites* von zehn- bis 15 Sekunden Länge zugeschnitten. Dieser Trend setzt sich erstmals in der Präsidentschaftswahl 1988 durch. Bestimmte Sätze werden entsprechend bündig formuliert in der Hoffnung, Nachrichtensendungen und Zeitungen übernehmen diese Statements möglichst unverändert.[87]

Allerdings muss gleichwohl dieser Entwicklung darauf hingewiesen werden, dass politische Kampagnen, trotz einer verstärkten Orientierung am geforderten Unterhaltungswert der Medien, auf politische Inhalte nicht verzichten können. Der Politikwissenschaftler Richard K. Scher schreibt dazu:

> „Nothing could be further from the truth that issues are of little use in campaigns. In fact, they can be of profound importance in shaping the dynamic and influencing the outcome of political campaigns. [...] Many campaigns are fought purely over issues in popular referendum votes."[88]

Themen bestimmen demzufolge nach wie vor Kampagnen. Denn auch im Zeitalter der *missing information* gibt es gehaltvolle und hintergründige Medienformate, die sich ihrer annehmen. Zu diesem Zweck verweist Watson auf die Printmedien. Besonders Zeitungsjournalisten seien oft bestrebt gehaltvollen Journalismus zu betreiben. Vor allem Tageszeitungen wie die *Washington Post* oder Wochenmagazine wie das *Time*

---

[85] Dr. Robert Watson, derzeit Herausgeber der „*White House Studies*", beschäftigt sich seit Jahren intensiv mit dem amerikanischen Wahlkampf, der Rolle der Präsidentschaftskandidaten und ihrer Gattinnen. Er ist Herausgeber mehrerer Bücher zu diesen Themen und stand mir für ein 20-minütiges Telefongespräch am 10. Mai 2002 zur Verfügung. Das Interview hängt dieser Arbeit an.

[86] Vgl. Jarren, Otfried und Ulrike Röttger, Politiker, politische Öffentlichkeitsarbeiter und Journalisten als Handlungssystem, in: Rolke, Lothar und Volker Wolff (Hrsg.), Wie die Medien die Wirklichkeit steuern und gesteuert werden, Opladen 1999, S. 199-221, S. 200.

[87] Vgl. Shields-West, Eileen, The World Alamanac Of Presidential Campaigns, New York 1992, S. 240-241.

[88] Scher, Richard K., The Modern Political Campaign. Mudslinging, Bombast, and the Vitality of American Politics, New York 1997, S. 98-99.

Magazine stünden für seriösen Journalismus, der über Hintergründe und politische Sachfragen ausführlich informiere.

2.1.3 Die politische Werbung

2.1.3.1 Formen politischer Werbung

Um einen erfolgreichen Wahlkampf in den USA durchzuführen ist politische Werbung unerlässlich. Dabei steht der im Fernsehen geführte Wahlkampf, der sogenannte *air war*, mit seinen ausgestrahlten Wahlwerbespots im Mittelpunkt einer jeden Wahlkampagne. Die Spots sind meist 30 bis 60 Sekunden lang und enthalten auffallende und einprägsame Botschaften sowie Informationen über den Kandidaten und seinen Gegenkandidaten.

Aber auch weitere klassische Werbeforen werden genutzt –so sind sowohl im Radio Spots geschaltet, als auch Anzeigen in der Zeitung. Dafür geben die Kandidaten Millionen von Dollar aus. Im Präsidentschaftswahlkampf 2000 schätzen Experten die Ausgaben von George W. Bush und Al Gore für politische TV-Spots zwischen 800 Millionen und einer Milliarde Dollar.[89]

Die Spots richten sich meist zielgerichtet an bestimmte Gruppen. Beim *targeting* werden die Werbebotschaften kanalisiert auf geographische Regionen oder demographische Bevölkerungsgruppen abgestimmt und eingesetzt. Im Präsidentschaftswahlkampf 2000 wurden beispielsweise die „Soccer Mums"[90] hart umkämpft, da diese als Wechselwähler bekannt sind und somit entscheidend für den Wahlausgang sein konnten.[91]

Bei der Ansprache der Wähler müssen bestimmte Anforderungen an die Botschaften von Politik erfüllt sein. Dabei unterscheidet der Bundesgeschäftsführer der SPD und Leiter der Kampa 2002 Matthias Machnig zwischen sechs verschiedenen Kriterien, die sowohl für den bundesdeutschen als auch für den amerikanischen Wahlkampf unerlässlich sind:

---

[89] Vgl. Brunner, Wolfram, Wahlkampf in den USA IV: Werbekommunikation. Arbeitspapier zum Projekt Politische Kommunikation der Konrad-Adenauer-Stiftung e.V., Sankt Augustin 2001, S. 5.
[90] „Soccer Mums" werden Frauen genannt, die in Einfamilienvierteln außerhalb der Stadtzentren wohnen, eine gute Ausbildung genossen haben und Hausfrauen und/oder Mütter sind. Die typische „Soccer Mum" fährt einen Minivan mit dem sie ihre Kinder zur Nachhilfe, zum Fußballtraining oder Klavierunterricht bringt.
[91] Vgl. von Rimscha, Robert, George W. Bush. Präsident in Krisenzeiten, München 2001, S. 43-44.

- *Botschaften brauchen Programmatik: Ein Thema muss für die Wähler von Interesse und Relevanz sein. Eine politische Botschaft ohne Programm verpufft.*

- *Botschaften müssen inklusiv und exklusiv sein: Möglichst breite Wählerschichten müssen sich angesprochen fühlen, dennoch muss das Profil von Parteien erkennbar sein.*

- *Botschaften müssen glaubwürdig sein: Nur wer glaubwürdig ist, kann überzeugen.*

- *Botschaften müssen wiederholt werden: Nur so werden sie öffentlich wahrgenommen.*

- *Botschaften müssen individualisiert werden: Nur wenn Botschaften dem Kommunikationsverhalten von Zielgruppen entsprechen, werden diese sie aufnehmen.*

- *Politische Botschaften müssen personalisiert werden: Sie sind nur dann erfolgreich, wenn Personen sie verkörpern, denn Personen stehen für Inhalte.[92]*

Im Wahlkampfstab eines Kandidaten gibt es verschiedene Felder, die sich mit politischer Werbung und somit der Präsentation von Botschaften befassen. Zum einen sind die *freebees* verantwortlich für das Themenfeld *free media*.[93] Darunter fällt die komplett von der Medien- und Öffentlichkeitsarbeit hervorgerufene Berichterstattung – also Auftritte in Talk- und Politshows, Artikel in Magazinen und Zeitungen, die Nachrichtenberichterstattung und Ansprachen von bestimmten Zielgruppen wie Studenten oder Gewerkschaftsmitgliedern.

Außerdem sind zahlreiche freiwillige Helfer, sogenannte *volunteers* im Einsatz, die für die Gewinnung von unschlüssigen Wählern verantwortlich sind. Durch Telefonate oder Hausbesuche pflegen sie den persönlichen Kontakt zu potentiellen Wählern, zusätzlich kümmern sie sich um die – für den amerikanischen Wahlkampf übliche – Aufstellung von *yardsigns*.[94]

Diese mit politischen Parolen beschriebenen Holzschilder werden, bei Zustimmung der Hausbesitzer, in Gärten aufgestellt, um eine möglichst breite Schicht von Wählern zu erreichen. Besonders wichtig ist dabei die Gewinnung von Hausbesitzern,

---

[92] Machnig, Matthias, Politische Kommunikation 2002 – Herausforderungen für Parteien, in: Zeitschrift für Sozialistische Politik und Wirtschaft, Nr. 2/2002, S. 5-7, S. 6.
[93] *Freebees* haben häufig exzellente Kontakte in die Redaktionen und zu namhaften Journalisten. Außerdem entwickeln sie Strategien auch außerhalb der Medienberichterstattung politische Botschaften zu streuen.
[94] Diese traditionelle Straßenwahlkampftechnik des „Klinkenputzens" nennt man in den USA *Canvassing*.

die an einer Straßenkreuzung mit Ampel wohnen, denn dort ist die Wirkung von *yardsigns* besonders effektiv.

Im US-Bundesstaat Hawaii hat sich zudem eine ganz besondere Form der „Außenwerbung" durchgesetzt. *Volunteers* stellen sich im Rahmen des sogenannten *signwaiving* an stark befahrene Hauptstraßen und winken den Autofahrern mit Schildern zu, auf denen politische Grundsätze des Kandidaten stehen. In einer Kleinstadt beispielsweise kommt es so auch häufig zu Gesprächen zwischen den freiwilligen Wahlkampfhelfern und Autofahrern, die anhalten um mehr über das politische Programm des Kandidaten zu erfahren.

Mit Nutzung der *free media* kann unter geringem Kostenaufkommen eine große Wählerschaft erreicht werden. Zugleich hat die Medienberichterstattung häufig eine größere Reichweite als gekaufte Werbeblöcke und den Vorteil, dass politische Botschaften neutraler als in Werbespots vermittelt werden – bei den Wählern wird von einer höheren Glaubwürdigkeit ausgegangen. Allerdings hat die *free media* den Nachteil, dass die Kampagne sie nicht beeinflussen oder lenken kann.

Auf der anderen Seite gibt es im Wahlkampfstab eines Kandidaten Mitarbeiter, die sich um die *paid media* kümmern. Dabei handelt es sich häufig um Werbestrategen und um nicht mehr in ihrer Profession tätige Journalisten. Sie kümmern sich um die Gestaltung und Platzierung von bezahlten Werbespots in den Medien. Zwischen 50 und 70 Prozent des Wahlkampfbudgets eines Kandidaten wird für diese Form von Werbung ausgegeben.[95]

Auch über die *paid media* wird eine große Anzahl von Wählern erreicht. Besonders vorteilhaft wirkt hierbei, dass die Wähler passiv von den Werbebotschaften beeinflusst werden, das heißt, dass die politische „*Message*" zwar im Medienalltag wahrgenommen wird, aber keiner expliziten Zuwendung bedarf. Zudem sind bei einer Werbekampagne Slogan, Bilder, Design, Musik als auch Themen aufeinander abgestimmt und somit wirkintensiv. Die Kampagne hat auf die *paid media* vollen Einfluss bei gleichzeitig hoher Kostenaufwendung.

Neben der Kampagne in den Medien zeichnen sich amerikanische Wahlkampfstrategien durch „*Getting-out-the-Votes*"- Kampagnen und „*Fund raising*"- Kampagnen aus. Erstgenannte konzentrieren sich auf die direkte Ansprache der Wähler über Tele-

---

[95] Vgl. Brunner, Wahlkampf in den USA, S. 3.

fon, Briefe, E-mailing und Hausbesuche, letztere zielen auf die Mobilisierung von Spendengeldern ab.[96]

2.1.3.2 Wirkung politischer Werbung

Über die Wirkung von politischer Werbung sind sich Experten uneinig – Untersuchungen ergaben, dass sie in der Rezeption der Wähler zwar das gleiche Level erreicht wie die allabendlichen Nachrichten. Dennoch ist die Auslegung der Werbung bei den Rezipienten divergenter Natur.

In Interviews, bei denen es um im amerikanischen Fernsehen zur Präsidentschaftswahl ausgestrahlte Spots ging, gab eine Gruppe der Befragten beispielsweise an, die *ads* seien sehr nützlich, um den Konsens aus der Position eines Kandidaten zu ziehen – so müsse man nicht eine aufwendige und mit Informationen vollgeladene, 30-minütige Berichterstattung verfolgen.[97]

Andererseits gaben wiederum andere Befragte an, sie würden der Fernsehwerbung nicht allzu viel Beachtung schenken, da von einem Kandidatenspot von vorn herein zu erwarten wäre, dass der Kandidat sich in ein positives Licht stelle und seine Gegner diffamiere. Grundlegende und neutrale Informationsbeschaffung sei dementsprechend kaum möglich.[98]

Wahlkampfexperten in den USA sind sich dennoch einig, dass zumindest die Flut von geschalteten Spots zwangsläufig dazu führe, dass sich die Wähler dem politischen Einfluss nicht entziehen können:

> „Because the ads are aired so frequently, people find it difficult to ignore their central claims. By the end of the campaign, many interviewees were able to recall and describe both the visual and the verbal message of ads."[99]

Bei europäischen Wahlkampfberatern divergieren die Meinungen über die Wirkung von politischer Werbung. Der Wahlkampfexperte Harry Walter beispielsweise bescheinigt Politwerbung eine Beeinflussung von zwei bis drei Prozent der Wähler. Französische Werbeexperten rechnen mit einem bis vier Prozent. Andere wiederum

---

[96] Vgl. Radunski, Peter, Was ich Angela von Hillary erzählen werde. Beobachtungen aus dem amerikanischen Wahlkampf, in: Frankfurter Allgemeine Zeitung, 17. November 2000, S. 3.
[97] Vgl. Just, Marion R., Crigler, Ann N., and Dean E. Alger (et al), Crosstalk. Citizens, Candidates, and the Media in a Presidential Campaign, Chicago 1996, S. 152-159.
[98] Just, Crosstalk, S. 152-159.
[99] Just, Crosstalk, S. 160.

vermuten, dass Wahlkämpfe lediglich dazu dienen, bereits vorhandene Einstellungen zu bekräftigen und zu intensivieren. Ein absolut verlässlicher Nachweis allerdings ist bisher noch nicht erbracht worden.[100]

2.2 Nutzung traditioneller Wahlkampfformen

2.2.1 Die *Primaries*

> „Campaigning is exactly like professional wrestling: it's fake, it's staged, it doesn't mean anything."[101]

Die Definition für *Campaigning*, die im Roman *Primary Colors* zu finden ist, scheint treffend, wenn man sich allein den Wahlkampf vor den *primaries* in den Vereinigten Staaten ansieht, die sich dort alle vier Jahre abspielen. Die *primaries* sind die erste Hürde auf dem Weg ins Präsidentenamt der Vereinigten Staaten.

Das System der Vorwahlen gibt es in den USA seit 1905. Zwischen Januar und Juni eines Wahljahres halten die demokratische und die republikanische Partei in jedem Bundesstaat Vorwahlen ab. Dabei gibt es zwei unterschiedliche Systeme – das des *caucus* und das der *primary*. Der Vorgang variiert dabei von Staat zu Staat und Jahr zu Jahr.[102]

Am Ende einer Vorwahl wird jedem Kandidaten anhand seines erzielten Wahlergebnisses eine Anzahl von Delegierten zugeteilt, die zu den *Conventions* reisen, um dort für ihn zu stimmen. Die Anzahl der Delegierten, die ein Staat zum Parteitag schicken darf, hängt von seiner Größe und seiner Bedeutung für die Partei ab.

Oftmals müssen sich die Delegierten bei ihrer Wahl auf einen Kandidaten festlegen, so dass dieser im Laufe der Vorwahlzeit mitzählen kann, wie viele Delegierte er noch für eine Mehrheit braucht. Hat einer der Kandidaten die Mehrheit erreicht, oftmals ist das schon vor der letzten durchgeführten *primary*, dann steigt der unterlegene Bewerber aus dem Wettbewerb aus.[103]

Diese traditionelle Art der Vorwahl führt zu einer hohen Anzahl von Kandidaten, die um das Präsidentenamt kämpfen. Dabei wird mit Wahlkampfspenden nicht gerade zimperlich umgegangen – bei der letzten Präsidentschaftswahl in den USA gab der republikanische Kandidat George W. Bush allein 35 Millionen Dollar - die Hälfte seiner

---

[100] Grafe, Peter, Wahlkampf. Die Olympiade der Demokratie, Frankfurt am Main 1994, S. 216-217.

[101] Anonymous, Primary Colors, New York 1996, S. 399-400.

[102] Vgl. Kölsch, Eberhard, Vorwahlen – Zur Kandidatenaufstellung in den USA, Berlin 1972, S. 12-27.

[103] Vgl. Ebenstein, William; Pritchett, Herman C., Turner, Henry A. und Dean Mann, American Democracy in World Perspective, 2. Auflage, New York 1970, S. 282-294.

Wahlkampfeinnahmen - für Fernsehwerbung in Iowa und New Hampshire sowie den Aufbau einer soliden Wahlkampforganisation in den übrigen 48 Bundesstaaten aus.[104]

Nicht verwunderlich ist die Konzentration des Wahlkampfes auf Iowa und den „Granit State" New Hampshire. Denn dort finden die ersten *caucuses* und *primaries* statt. Hier setzen die Wähler die Themen des nationalen Wahlkampfes und entscheiden möglicherweise den Kandidaten im Alleingang.[105]

> „New Hampshire has long been known as a bump in the road for frontrunners."[106]

Seit Jahrzehnten galt in den Vereinigten Staaten der Grundsatz des „magischen" New Hampshire – Verlierer der parteiinternen Vorwahlen des Staates an der Nordostküste werden niemals Präsident der USA.[107] Einmal allerdings wurde diese Regelmäßigkeit durchkreuzt – im Wahlkampf 2000 nämlich gewann der Senator John McCain aus Arizona die Vorwahlen in New Hampshire mit 49 Prozent.

Die *primaries* in New Hampshire und die *caucuses* in Iowa werden als „*super-presidential selection contests*" dargestellt. Denn während der Vorwahlen richtet sich das Medieninteresse, anders als bei Vorwahlen in anderen Staaten und den *Super Tuesdays*, gebündelt auf diese beiden Staaten. Das hat zur Folge, dass die Berichterstattung nach Ausgang der Vorwahlen oftmals einen Kandidaten favorisiert.[108]

Da Iowa und New Hampshire allerdings nicht als Spiegel der öffentlichen Meinung gelten können - beide Staaten gelten als überaus konservativ gelten und weisen einen hohen Anteil an weißen Einwohnern auf - entsteht somit eine mediale Verzerrung der Tatsachen.[109]

Zweidrittel der Delegierten, die auf den Parteitagen der Republikaner und Demokraten vertreten sind, werden in den ersten zwei Monaten der *primary season* gewählt. Dieser Prozess, in den USA auch *frontloading* genannt, bewirkt, dass jeder amerikanische Staat seine Vorwahlen vorziehen möchte, um einen größeren politischen Einfluss zu genießen. Das allerdings führt zu einer immer länger werdenden Wahlkampf-

---

[104] Vgl. Wieland, Leo, Bush hat Geld und Helfer, McCain den Außenseiterbonus. Wahlkampf bei den Republikanern, in: Frankfurter Allgemeine Zeitung, 8. Januar 2000, S. 3.
[105] Vgl. Volkery, Carsten, Eines der größten Rätsel Amerikas, in: Der Spiegel Online, 2. März 2000, unter: http://www.spiegel.de/politik/ausland/0,1518,67250,00.html.
[106] George W. Bush am 2. Februar 2000 in New Hampshire, 1. Juni 2002, unter: http://www.primarymonitor.com/quotes/quotes.shtml.
[107] Lutteroth, Jule, Das Wunder von New Hampshire, in: Der Spiegel Online, 15. Januar 2000, unter: http://www.spiegel.de/politik/ausland/0,1518,59957,00.html.
[108] Vgl. Congressional Quarterly (Hrsg.), National Party Conventions 1881-2000, Washington 2001, S. 16-17.
[109] Vgl. Perloff, Political Communication, S. 294-295.

phase. Die wiederum erfordert von den Kandidaten einen noch höheren finanziellen Aufwand und eine noch intensivere Kampagne.

Kritiker beanstanden außerdem, dass *frontloading* den anfangs durchgeführten *primaries* einen zu großen Stellenwert zukommen lässt. Wähler würden durch eine Verlagerung der Vorwahlen in die Position kommen, sich nicht ausführlich über die Inhalte und Ziele einer Kampagne informieren zu können. Auch die Presse würde eine noch größere Rolle spielen und der Trend, dass sich die Berichterstattung nur auf die ersten Vorwahlen konzentriert, würde verstärkt.[110]

Als traditionelles Wahlkampfmittel sind die Vorwahlen in den USA nicht mehr wegzudenken. Die Kandidaten versuchen in dieser Zeit verstärkt gute Presse zu bekommen, sei es durch Wahlkampfveranstaltungen, Unterstützung von Prominenten, oder durch die Schaltung von Radio- und Fernsehspots. Vor den Parteitagen können die Kandidaten so die Stimmung im ganzen Land einschätzen, ihren Wahlkampfstab austesten und ihre eigene Wirkung auf die Wähler erproben.

2.2.2 Die Conventions

Parteitage finden in den USA im Gegensatz zur Bundesrepublik Deutschland alle vier Jahre statt. Der Termin liegt meist im Juli oder August – nach den *primaries* und vor der heißen Phase des Wahlkampfs. Zeitlichen Vortritt hat dabei immer die präsidentielle *out-party*. Die Funktion der Delegierten beschränkt sich im Wesentlichen auf die Zustimmung bereits beschlossener Entschlüsse. Dabei handelt es sich meist um sogenannte *platforms*, also Programme, die allerdings später kaum einen Einfluss auf die Regierungsarbeit haben.[111]

Die *Conventions* und somit die Kandidatenernennung der Delegierten gibt es in den USA schon seit 1832. Was eigentlich als rein demokratischer Prozess gedacht war, ist inzwischen zu einem „Schaulaufen" geworden. Die permanente Übertragung der Parteitage im Fernsehen bringt den Kandidaten und ihrer Partei zusätzliche, kostenlose und wichtige Präsenz im landesweiten Fernsehen ein:

> „Ein Parteitag ist in der medialen Erlebnisgesellschaft längst nicht mehr nur eine Versammlung von Delegierten, die irgendwelche Beschlüsse fassen, Programme verabschieden oder Personalien regeln. Parteitage sind Bestandteil eines strategischen „Event-

---

[110] Vgl. Perloff, Political Communication, S. 292-293.
[111] Vgl. Ebenstein, American Democracy, S. 290.

Marketing" geworden, da sie über die mediale Berichterstattung eine Selbstinszenierung der Partei vor einem Millionenpublikum ermöglichen, ohne zusätzliche Kosten hervor zu rufen."[112]

Dementsprechend gering ist die politische Streitkultur – brisante Themen werden oftmals überhaupt nicht angesprochen. Opposition gibt es kaum:

> „Party platforms serve the purpose of uniting the party as well as helping to elect the President, so they must necessarily avoid some issues and be vague and ambiguous on others."[113]

Der Parteitag ist auch der Zeitpunkt, zu dem die Präsidentschaftskandidaten ihren *running mate*, also den Kandidaten für das Amt des Vizepräsidenten, benennen. Diese Wahl ist sehr wichtig:

> „The choice of a Vice President is always most interesting for what it tells you about the man who made the pick."[114]

Der *running mate* des Präsidentschaftskandidaten soll meist einen Gegensatz zu seinem Mitstreiter bilden. So können weitere Wähler- und Bevölkerungsgruppen angesprochen werden. Der Kandidat für das Vizepräsidentenamt hat in den Vereinigten Staaten oftmals einen entscheidenden Einfluss auf die Wahlchancen des Präsidentschaftskandidaten.

Heutzutage dienen die *Conventions* also lediglich der Kandidatennominierung und der Selbstdarstellung. Dabei haben die Parteitage schon häufig für Sensationen gesorgt. Der damalige Präsidentschaftskandidat Bill Clinton beispielsweise machte auf dem demokratischen Parteitag 1992 sein „Charakterproblem" und seine affärengeladene Vergangenheit wett. Mit schlechten Umfragewerten und einer, auch bei seinen Parteikollegen, nicht allzu guten Reputation war Clinton zur *Democratic Convention* nach New York gekommen.

Und dort änderte eine einzige Rede sein Image in der Öffentlichkeit. Clinton begeisterte durch eine emotionsgeladene Rede – er sprach über seine schwere Kindheit, über die Arbeitslosen des Landes und vom gebrochenen Selbstwertgefühl Amerikas. 5000 Delegierte jubelten ihm damals zu. In den Umfragewerten lag Clinton nach dem Parteitag 25 Prozent höher als vorher.[115]

---

[112] Dörner, Andreas, Politainment. Politik in der medialen Erlebnisgesellschaft, Frankfurt am Main 2001, S. 123.
[113] Ebenstein, American Democracy, S. 290.
[114] Pooley, Eric, Gore's Leap of Faith, in: Time Magazine, 21. August 2000, S. 24-28, S. 27.
[115] Vgl. Matussek, Matthias, Raus hier, besser machen, in: Der Spiegel, 30/1992, S. 125-128, S. 128.

Für Al Gore bringt die *Democratic Convention* 2000 die Wende. Der demokratische Präsidentschaftskandidat hatte vor dem Parteitag in Los Angeles mit dem Image des hölzernen Langweilers zu kämpfen. „*Gore, the bore*" nannten die Amerikaner ihn aufgrund seiner steifen Art.[116] Gore antwortete auf diese Wählereinschätzung mit einer für ihn überschwänglichen Handlung auf dem Parteitag, als er seine Frau Tipper Gore vor über 5000 Delegierten und zahlreichen Kameras küsste. Nach dem Parteitag machte Gore seinen Rückstand auf seinen republikanischen Rivalen Bush in der Popularitätsskala wett.[117]

Oft scheint es, als entstammten die Szenen amerikanischer Parteitage eines Hollywoodfilms. Eine bessere Politik-Inszenierung scheint kaum möglich. Die Partei feiert sich vier Tage lang selbst, begleitet von den wichtigsten und größten Fernsehsendern Amerikas, von der Presse und tausenden Fotografen, die das Spektakel dokumentieren. Es gilt, vor allem den Fernsehzuschauern im gesamten Land, Geschlossenheit zu demonstrieren und zu emotionalisieren.

Die Parteitage sind strikt durchorganisiert und minutiös geplant. Organisatoren haben vor dem Parteitag die Zusammensetzung des Publikums beeinflusst – Menschen aller Hautfarben sollen zu sehen sein – keine Bevölkerungsgruppe soll sich unterrepräsentiert fühlen. Die Delegierten führen Luftballons und bunte Plakate mit sich, sind teilweise sogar verkleidet. Die Partei sorgt zusätzlich für über 100 000 Luftballons, Tonnen von Konfetti regnen nach der Rede des Präsidentschaftskandidaten von der Decke auf Parkett und Bühne.[118]

2.2.3 Die *Debates*

2.2.3.1 Der Einfluss von *Debates*

1960 findet in den Vereinigten Staaten die erste Fernsehdebatte statt. Bei der Übertragung des Rededuells zwischen dem demokratischen Präsidentschaftskandidaten John F. Kennedy und dem republikanischen Anwärter Richard Nixon sitzen 70 Millionen Amerikaner vor den Bildschirmen und verfolgen den politischen Schlagabtausch.

Schnell wird klar, dass Nixon dabei keine gute Figur macht, er wirkt abgespannt, hager und unrasiert. Kennedy hingegen präsentiert sich den Zuschauern frisch und ent-

---

[116] Vgl. Schröder, Alwin, Al Gore. Der Schattenmann, in: Der Spiegel Online, 30. Oktober 2000, unter: http://www.spiegel.de/politik/ausland/0,1518,98827,00.html.
[117] Vgl. Gibbs, Nancy, Picking a Fight, in: Time Magazine, 28. August 2000, S. 20-23.
[118] Vgl. Faltin, Cornel, Außer Atem, in: Berliner Morgenpost Online, 19. August 2000, unter: http://morgenpost.berlin1.de/archiv2000/000819/politik/16449.jpg.

spann. Professionell strahlt der Demokrat jugendlichen Elan und Charme aus und scheint seinem Kontrahenten dabei zumindest äußerlich um Längen überlegen zu sein.[119]

Die Fernsehzuschauer kommen nach der Übertragung der Debatte zu einem deutlichen Urteil – John F. Kennedy geht als Sieger aus dem Rededuell hervor. Allerdings wird diese Meinung nicht von den Wählern geteilt, die die Debatte im Radio verfolgt haben – diese nämlich favorisieren den republikanischen Präsidentschaftskandidaten Richard Nixon.[120]

Insgesamt liefern sich die politischen Konkurrenten vier sechzig minütige Debatten. Drei davon werden mit beiden Kandidaten aus einem Studio übertragen, eine Debatte wird über einen *split screen* ausgestrahlt, da die Kontrahenten aus zwei verschiedenen Städten zugeschaltet werden. Mehr als 90 Prozent der Amerikaner sehen mindestens eine der vier ausgestrahlten Debatten.[121]

Experten streiten bis heute, ob Kennedy die Präsidentschaftswahl mit einer hauchdünnen Mehrheit nur aufgrund seines erfolgreichen Auftretens im Fernsehen gewann.[122] Klar ist allerdings, dass Fernsehdebatten seit den sechziger Jahren aus dem amerikanischen Wahlkampf nicht mehr wegzudenken sind und einen hohen Stellenwert im *Campaigning* einnehmen:

> „With so many people watching, the candidates went to great lengths to project themselves in a favorable light. The debates presented a unique opportunity to do so. As news events, they were more believable than political advertisements."[123]

Fernsehdebatten werden von den Kandidaten und ihren Wahlkampfteams als Chance angesehen den Fernsehzuschauern die eigenen Vorzüge möglichst positiv und wertfrei zu präsentieren und den politischen Gegner in den Hintergrund zu drängen. Einziges Ziel dabei ist, die Überzeugung des Wählers zu erlangen, damit dieser mit seiner Stimme den Weg ins Weiße Haus ebnet.

---

[119] Vgl. Reeves, Richard, President Kennedy. Profile of Power, New York 1993, S. 17.

[120] Vgl. Burner, David, John F. Kennedy. Der Traum von einer besseren Welt, 5. Auflage, München 1995, S. 85-89.

[121] Vgl. Wayne, Stephen J., The Road to the White House. The Politics of Presidential Elections, Manchester 1980, S. 209.

[122] Berechnungen des Meinungsforschers Elmo Roper zufolge verdankt Kennedy den vier 1961 statt gefundenen Fernsehdebatten zwei Millionen Wählerstimmen.

[123] Wayne, The Road to the White House, S. 209.

2.2.3.2 Angewandte Strategien

Um möglichst viele Wähler von den persönlichen und politischen Qualitäten zu überzeugen, wenden Kandidaten zahlreiche, ausgeklügelte Strategien in den Debatten an. Vor allem wird versucht, Visionen in den Köpfen der Wähler zu erzeugen. Eine Zukunftsperspektive wird dazu meist als „Oberthema" am Anfang der Debatte genannt – spätere Antworten beziehen sich, sei es direkt oder indirekt, immer wieder auf das anfangs dazu abgegebene Statement.

Kennedy beispielsweise gelang es in der Debatte 1960, die Vision eines „neuen Amerika" zu erzeugen. Er berief sich in seinem Eingangsstatement auf die schlechte wirtschaftliche Lage der Vereinigten Staaten und lenkte seine folgenden Antworten immer wieder auf ökonomische Ziele, die er im Falle einer Präsidentschaft erfüllen wolle.[124]

Eine zweite „Debatten-Strategie" ist die Identifizierung der Kandidaten mit den Hauptbestrebungen der Wählerschaft. Dazu werden in Debatten Themen angesprochen, welche die Wähler besonders bewegen. Nach der *Watergate*-Affäre 1976 beispielsweise konzentrierte sich der demokratische Präsidentschaftskandidat Jimmy Carter in den TV-Debatten immer wieder auf die Punkte Ehrlichkeit und Beständigkeit, die besonders wichtig für einen Präsidenten im Amt seien.[125]

Auch die konkrete Einbeziehung der Wähler in den politischen Prozess ist besonders geschickt. Der republikanische Präsidentschaftskandidat Ronald Reagan praktizierte diese Strategie am 21. September 1980 in Baltimore. Gegen den unabhängigen Kandidaten John Anderson verstand Reagan es, den Wählern das Gefühl zu geben, unerlässlich für seine zukünftige politische Arbeit zu sein:

> „The living Americans today have fought harder, paid a higher price for freedom, and done more to advance the dignity of man than any people who ever lived on this earth. For 200 years, we've lived in the future, believing that tomorrow would be better than today, and today would be better than yesterday. I still believe that. I'm not running for the Presidency because I believe that I can solve the problems we've discussed tonight. I believe the people of this country can, and together, we can begin the world over again. I think we ought to get at it."[126]

---

[124] Vgl. Perloff, Political Communication, S. 388-389.
[125] Vgl. Perloff, Political Communication, S. 390.
[126] Smith, Hedrick, Ronald Reagan. Weltmacht am Wendepunkt, 2. Auflage, Zürich 1981, S. 235.

Die Debattenstrategie der verbalen Diskreditierung des politischen Gegners ist eine weitere Taktik. Indem die Positionen, der Charakter oder die Vergangenheit des Gegenkandidaten kritisiert werden, können die eigenen Konzepte und Errungenschaften als positiver und effektiver dargestellt werden.

So ging George W. Bush in der ersten Debatte gegen Al Gore am 3. Oktober 2000 immer wieder auf die Versäumnisse der Demokraten ein, Versprechen nicht gehalten zu haben. Bush betonte immer wieder, dass er im Gegensatz zu Clinton und Gore als Präsident seine Versprechen halten würde.

Um die eigene Glaubwürdigkeit zu erhöhen, wenden Kandidaten außerdem verbale, gestische und mimische Überzeugungs-Taktiken an und überführen somit ihren Gegner. Dazu zählen Redepausen, in der Rede verwandte Stilmittel und nahezu schauspielerische Fähigkeiten.[127]

2.2.3.3 Die Authentizität von *Debates*

In der Literatur werden die politischen Wortgefechte durchaus kontrovers diskutiert. Dabei geht es um die Frage, wie authentisch eine *presidential debate* überhaupt sein kann. Der Kritiker J. J. Auer beispielsweise bezweifelt die Echtheit und Ursprünglichkeit von Debatten, indem er anzweifelt, dass eine gerechte und adäquate Diskussion überhaupt stattfinden kann. Seiner Meinung nach ist der Großteil der Debatten gefälscht, da die Kandidaten im Vorhinein auf ihre Aussagen festgelegt werden und sich somit keine unmittelbare verbale Auseinandersetzung entwickeln kann.[128]

Befürworter von *presidential debates* sehen die Kritikpunkte Auers als nicht gegeben an. Der Wahlkampfberater Myles Martel beispielsweise hält Fernsehdebatten für einen wichtigen politischen Diskurs:

> „A political campaign debate is the joint appearance by two or more opposing candidates, who expound on their positions, with explicit and equitable provisions for refutation without interruption."[129]

Tatsächlich geben Fernsehdebatten dem Wähler die Möglichkeit, Kandidaten und ihre Positionen direkt zu vergleichen und zu hinterfragen. Da sich der Anwärter auf das Präsidentschaftsamt einer offenen Diskussion stellen muss, kann der Wähler in der

---

[127] Vgl. Lemert, The Politics of Disenchantment, S. 144-146.
[128] Vgl. Perloff, Political Communication, S. 380-381.
[129] Martel, Myles, Political Campaign Debates: Images, Strategies, and Tactics, New York 1983, S. 3.

Debatte herausfinden, ob seine Belange und Wünsche von dem Kandidaten in seiner angestrebte Amtszeit angegangen oder in den Hintergrund treten würden.

Allerdings sollte dabei nicht vergessen werden, dass Kandidaten in den Debatten naturgemäß mehr versprechen, als sie tatsächlich halten können. Hier schlägt sich die im Wahlkampf so häufig erscheinende politische Selbstüberschätzung beziehungsweise Verfälschung von Fakten nieder, die den Wähler zur Stimmabgabe für die eigene Partei bringen soll.

2.2.4 Die Rolle der *First Ladies* in spe

In den USA fehlt ihnen die demokratische Legitimation, denn sie werden weder in der Verfassung genannt noch bekleiden sie ein politisches Amt. Trotzdem nehmen sie eine einzigartige Rolle ein. Die *First Ladies* repräsentieren neben ihren Präsidentengatten das amerikanische Volk und bekleiden somit den „berühmtesten unbezahlten Job der Welt".[130]

44 Präsidentengattinnen bewohnten bisher das Weiße Haus, standen somit im Rampenlicht der Öffentlichkeit. Dabei vertraten sie oft eigene politische Standpunkte oder zeigten sich als zurückhaltende Frauen im Schatten ihres Mannes.

Doch eines haben all diese Frauen gemeinsam: Auch wenn es bei der Präsident-schaftswahl vorrangig um den politischen Sachverstand und das Wahlprogramm des Kandidaten geht, so sind sie doch häufig das Zünglein an der Waage, wenn es um die Wahlentscheidung der Amerikaner geht. Wahlanalysen seit den sechziger Jahren weisen das nach. Sieben Prozent der amerikanischen befragten Wähler räumten ein, dass der Eindruck, den die Ehefrau des Kandidaten hinterlässt, ihre Wahlentscheidung beein-flusst.[131]

Demnach spielen die Ehefrauen der Präsidentschaftskandidaten während der Wahlkampfphase eine große Rolle. Intensiver als im deutschen Wahlkampf beteiligen sie sich an den Wahlkampftouren ihrer Gatten, absolvieren eigene Wahlkampfveranstal-tungen oder halten Pressekonferenzen ab.

Von den angehenden First Ladies wird dabei erwartet, dass sie ihre Positionen bezüglich ihrer Rolle als erste Frau im Staat klar definieren. Dazu gehört auch die aus-

---

[130] Gerste, Ronald D., Die First Ladies der USA. Von Martha Washington bis Hillary Clinton, Regens-burg 2000, S. 9.
[131] Vgl. Friedrich-Naumann-Stiftung, U.S. Präsidentschaftswahlen – Campaign 2000, Campaign Newslet-ter, Juni 2000, Washington 2000, S. 3.

drückliche Betonung darauf, wo die Schwerpunkte ihrer Aktivitäten liegen werden und welchem Thema öffentlichen Interesses sie sich widmen werden, falls es zum Einzug ins Weiße Haus kommen sollte.

Jaqueline Kennedy wusste all diese Erwartungen im Wahlkampf zu erfüllen und erwies sich somit als bedeutender Vorteil für John F. Kennedy, als sich dieser 1960 um das Amt des Präsidenten bewarb. Obwohl Kennedy bezweifelte, dass seine Frau ihm behilflich sein könne, weil sie sich im Umgang mit den Wählern zu „aristokratisch" gebe, mischte sich Jaqueline immer wieder unter das amerikanische Wahlvolk.[132]

Sie ging in französische, italienische und spanische Wohnviertel und hielt Reden in den jeweiligen Sprachen. Das brachte ihrem Gatten zahlreiche Stimmen ethnischer Bevölkerungsgruppen ein. Kennedy musste zugeben, dass anlässlich der Ansprachen seiner Frau mehr Menschen zusammenkommen als zu seinen eigenen Auftritten".[133]

Eine ähnliche Rolle für den Wahlkampf ihres Mannes spielt Hillary Rodham Clinton 1992. Allerdings schadet die First Lady in spe Bill Clinton mehr, als dass sie einen Vorteil für ihn herausarbeitet. Durch ihre dominante Rolle, die Hillary während des Wahlkampfes einnimmt, erweckt sie den Eindruck, „nicht ihr Mann, sondern sie selbst bewerbe sich um das Präsidentenamt."[134]

Demnach parliert sie schon vor der Wahl: „Wer Bill wählt, kriegt mich dazu."[135] Bill Clinton unterstützt diesen Eindruck, indem er, als er im März 1992 offiziell seine Kandidatur erklärt, den Slogan *Two for One* vertieft: „Kauft einen [Clinton], der zweite ist kostenlos".[136] Der Anwärter um das Präsidentenamt sieht Hillary zu dem Zeitpunkt als seine „Geheimwaffe" im Wahlkampf an.[137]

Was Hillary und Bill Clinton für eine erfolgsversprechende Strategie halten, nimmt das US-Wahlvolk nur teilweise an. Bei einer vom Nachrichtensender *CNN* und dem *Time Magazine* durchgeführten Umfrage, erklären neun Prozent der Befragten, ihre Meinung über Hillary Clinton würde sie veranlassen, für deren Ehemann zu stimmen,

---

[132] Vgl. Pastusiak, Longin, Amerikas First Ladies. Von Edith Roosevelt bis Hillary Clinton, Leipzig 1997, S. 133-134.

[133] Vgl. Martin, Ralph G., A Hero for Our Time: An Intimate Story of the Kennedy Years, New York 1983, S. 193.

[134] Pastusiak, Amerikas First Ladies, S. 243.

[135] ohne Verfasser, Die amerikanischen First Ladies seit Eleanor Roosevelt, in: Die Welt Online, 19. November 2001, unter: http://www.welt.de/daten/2001/11/19/1119vm296759.htx?print=1.

[136] Gassert, Philipp und Christof Mauch (Hrsg.), Mrs. President. Von Martha Washington bis Hillary Clinton, München 2000, S.78.

[137] Vgl. Andersen, Christopher, Hillary und Bill, Die Geschichte einer Ehe, München 1999, S. 308-309.

14 Prozent allerdings geben an, die Gattin des Präsidentschaftskandidaten würde sie abhalten für Bill Clinton zu stimmen.[138]

Die Journalisten stehen größtenteils hinter Hillary Clinton. Dass die spätere First Lady schon zu Wahlkampfzeiten mehr sein will als nur Ehefrau des Präsidenten, kommt in den Medien zunächst gut an.[139] Allerdings schlägt diese Stimmung schnell um. Sogar vom „Hillary-Problem" wird in den amerikanischen Zeitungen und Magazinen geschrieben.[140] Für Bill Clinton und seinen Beraterstab wirkt sich das negativ aus.[141]

Das Beispiel Hillary Clinton zeigt, wie wichtig es ist, auch die Ehefrau des Kandidaten strategisch in den Wahlkampf einzubinden und in ein vorteilhaftes Licht zu rücken. Besonders die amerikanische Bevölkerung sieht die angehende First Lady generell nicht als repräsentatives Anhängsel des Präsidenten, sondern als seine engste Beraterin und als die Person, die den größten Einfluss auf den Präsidenten ausübt.[142]

Schließlich ist sie es, so sieht es zumindest das amerikanische Wahlvolk, die während der Amtszeit ihres Mannes „die Verbindung" zur Realität für den Präsidenten ist, aus ihm „das Beste herausholt".[143]

Auch die Historikerin Kati Marton bewertet die Rolle der First Lady als einflussreich. In der Amtszeit des Präsidenten übe die First Lady den größten Einfluss auf den Präsidenten aus. Daher spricht sie dieser im Wahlkampf eine hohe Bedeutung zu: „Wir dürfen nie vergessen, dass wir ein Paar bekommen, wenn wir einen Präsidenten wählen – und sollten der First Lady daher mehr Aufmerksamkeit schenken."[144]

2.3 Zusammenfassung

Das zweite Kapitel verdeutlicht, wie intensiv die Konzentration auf professionelle Kommunikationsstrategien und ausgeklügelte PR-Taktiken im amerikanischen

---

[138] Vgl. Carlson, Margaret, All Eyes on Hillary, in: Time Magazine, 14. September 1992, S. 28.
[139] Während des Wahlkampfes 1992 titelt beispielsweise die *Chigaco Tribune*: „Hillary Clinton ist wahrscheinlich das größte Kapital des Kandidaten." Auch in der Newsweek werden Lobeshymnen abgedruckt: „Sie repräsentiert eine neue Generation von politischen Ehefrauen, die möglicherweise den gleichen Anspruch auf ihren Platz im öffentlichen Leben haben, wie ihre Ehemänner". (Übersetzung der Verfasserin)
[140] Vgl. Warner, Judith, Hillary Clinton. First Lady mit Power, München 1993, S. 172.
[141] Vgl. Matalin, Mary und James Carville, All's Fair. Love, War, and Running for President, New York 1994, S. 173-175.
[142] Vgl. Watson, Robert P., The Presidents' Wives. Reassessing the Office of First Lady, Colorado 2000, S. 157.
[143] Vgl. Alanyali, Iris, „Worin liegt die Macht der amerikanischen First Ladies?", in: Die Welt Online, 19. November 2001, unter: http://www.welt.de/daten/2001/11/19/1119vm296685.htx?print=1.
[144] Alanyali, „Worin liegt die Macht der amerikanischen First Ladies?", S. 1.

Campaigning ist. In der Geschichte des amerikanischen Wahlkampfes hat sich die Profession des *Political Consultants* aufgrund zahlreicher Anforderungen herausgebildet – vornehmlich allerdings wegen eines immer stärker anwachsenden Einflusses der Medien auf die politische Arbeit.

Dutzende Berater sind im Rahmen einer *Campaign* mit der Vermarktung des Kandidaten betraut. Zu diesem professionellen Sektor gehört vor allem die politische Öffentlichkeitsarbeit, also der durchgeplante Umgang mit den Medien und der Einsatz politischer Werbung sowie auch die Befassung mit dem politischen Gegner und der durchdachte Umgang mit dem Wähler.

Der Kandidat muss zu Wahlkampfzeiten absolutes Vertrauen in seine Berater setzen können, denn sie sind es, die für das *Campaigning* hauptsächlich verantwortlich sind. Nur eine perfekt durchorganisierte und durchdachte Kampagne trägt zu einer Stimmenmaximierung in den USA bei. Oftmals wird durch den großen Einfluss, den *Political Consultants* auf die Wahlkampfarbeit haben, sogar von einer Lenkung der politischen Themen durch die Beraterindustrie, nicht durch die Kandidaten gesprochen.

Die größte und wichtigste Anforderung einer Kampagne im Präsidentschaftswahlkampf ist zweifelsohne die Medienarbeit. Diese muss sich in Amerika immer wieder neuen Herausforderungen stellen, denn eine immer heterogener werdende Medienlandschaft in den USA führt in der Berichterstattung zur Abwendung von politischen Sachthemen hin zu Boulevardthemen.

Die Wahlkampfberichterstattung ist daher geprägt von einer verstärkten Meinungsmache der Medien und der Hinwendung zu sogenannten *soft news*. Diese sensationslastigen Sendeformate zielen vor allem auf das private und persönliche Umfeld von Kandidaten ab, lassen hingegen ausführliche politische Berichterstattungen vermissen.

Durch diese *Agenda-Setting*-Funktion der Medien ist eine Wechselwirkung zu verzeichnen. Denn um eine breite Öffentlichkeit zu erreichen und eine möglichst quantitative Berichterstattung zu erlangen, sind die Präsidentschaftskandidaten auf die Sendezeit der Medien angewiesen. Um deren Aufmerksamkeit allerdings zu gewinnen, muss von allzu komplizierten politischen Themen abgewichen werden. Kurze und prägnante Stellungnahmen „verkaufen" sich in Unterhaltungsformaten besser.

Dennoch kann eine Abwendung politischer Kampagnen von Inhalten nicht verzeichnet werden. Über die sogenannten *Issues* definiert sich *Campaigning* nach wie vor

– Wahlkämpfe werden auch heutzutage in einer veränderten Medienlandschaft über sie gewonnen oder verloren.

Die angesprochene Nutzung der *free media*, wird supplementiert von der Platzierung bezahlter Werbespots in der *paid media*. Die politische Werbung zu Wahlkampfzeiten kostet alle vier Jahre Milliarden von Dollar. Der Vorteil gegenüber freier Berichterstattung ist allerdings, dass durch die Schaltung von Fernsehspots *targeting* betrieben werden kann, also Werbebotschaften kanalisiert eingesetzt werden können.

Ganz bestimmte Bevölkerungsgruppen können so angesprochen werden. Vervollständigt wird das Werben um Wählerstimmen durch das sogenannte *Canvassing*, die Gewinnung von Wählern durch persönlich oder telefonisch geführte Gespräche. Dabei wird häufig auch um Spendengelder gebeten.

Wie groß die Wirkung ist, die von politischer Werbung ausgeht, darüber sind sich Experten verschiedener Länder noch uneins. Amerikanische Wahlkampfberater allerdings würden ihre Kampagnen niemals ohne den Einsatz von Marketinginstrumenten durchführen. Schließlich werden auch traditionelle amerikanische Wahlkampfkomponenten längst davon dirigiert.

Während der Vorwahlen, den *primaries*, findet intensive strategische Wahlwerbung statt. Besonders in den US-Bundesstaaten New Hampshire und Iowa wird verstärkt um die Gunst der Wähler gekämpft, sind diese Staaten doch die ersten der USA, in denen Vorwahlen abgehalten werden.

Die Vorwahlen nehmen in den USA einen immer höheren Stellenwert ein. Sowohl die Presse, als auch die Politiker sehen ihren Ausgang als richtungsweisend für die eigentliche Präsidentschaftswahl an. Dementsprechend viel Geld wird auch in den Vorwahlkampf gesteckt, entsprechend groß ist das Medienspektakel, das während der *primaries* stattfindet.

Die nach den Vorwahlen stattfindenden *Conventions*, die Parteitage der Republikaner und Demokraten, sind ebenfalls geprägt von starker Inszenierung, aber wenig Inhalt. Letztendlich dienen die viertägigen Veranstaltungen, auf der offiziell die Präsidentschaftskandidaten nominiert werden, der Selbstdarstellung und dem Eigenlob – natürlich unter Präsenz der Presse. Die Wirkung solcher Parteitage auf die Wähler allerdings ist unverhältnismäßig hoch.

Ähnlich wirkungsintensiv sind die seit den sechziger Jahren in den USA abgehaltenen Fernsehdebatten. Diese sind geprägt von der Anwendung zahlreicher, ausgeklügelter Strategien seitens der Kandidaten und ihrer ständig wiederholten Appelle an die Wähler. Kritiker stellen daher seit langem die Authentizität von *debates* in Frage.

Befürworter allerdings sehen Debatten als wichtigen politischen Diskurs, der dem Wähler die Gelegenheit gebe, die Kandidaten und ihre Positionen direkt zu vergleichen.

Doch nicht nur die Positionen eines Kandidaten sind für den amerikanischen Wähler von Interesse. Auch seine Frau nimmt eine entscheidende Rolle für den Wahlkampf ein – auf sieben Prozent der amerikanischen Wähler hat sie eine wahlentscheidende Wirkung. Besonders wichtig ist daher ihre strategisch positive Einbindung in die Wahlkampagne.

3. Strategien politischer Kommunikation

3.1 Vom Parteien- zum Personenwahlkampf

3.1.1 Der Kandidat als Spiegel der Partei

In den Vereinigten Staaten wird die Maxime seit langem deutlich - der Kandidat ist im Wahlkampf wichtiger als seine Partei. Das liegt vornehmlich am politischen System der USA. Denn der Anwärter auf das Präsidentschaftsamt organisiert seinen Wahlkampf unabhängig von der Partei – sowohl finanziell als auch organisatorisch. Dabei sind die Kandidaten Einzelkämpfer auf dem Weg ins Weiße Haus.

In der Bundesrepublik führen die Parteien und Spitzenkandidaten den Wahlkampf gemeinsam. Das deutsche Wahlsystem lässt eine andere Entwicklung kaum zu. Schließlich wird der Bundeskanzler nicht direkt vom Volk gewählt, sondern ist vom Vertrauen der Parlamentsmehrheit und somit auch von seiner Partei abhängig. Allerdings ist auch hierzulande eine zunehmende Tendenz zur Personalisierung im Wahlkampf zu beobachten.

Das mag einerseits mit der Schwäche der politischen Institutionen zusammenhängen, andererseits mit den schwindenden Ressourcen der wahlkampfführenden Parteien, denn sowohl Mitgliederschwund als auch die Organisations- und Finanzschwäche rücken die Durchführung des Wahlkampfes in ein neues Licht.[145] Hinzu kommt, dass

---

[145] Vgl. Radunski, Politisches Kommunikationsmanagement, S. 36.

die wachsende Komplexität gesellschaftlicher Realität beim Wähler Orientierungsprobleme schafft, die sowohl Parteien als auch Gewerkschaften erfassen.[146]

Die Konsequenz dieser Faktoren ist die Abwendung des Wähler von seiner Partei – die Parteibindung wird aufgelöst, der einst in eine politische Richtung festgelegte Bürger wird zum Wechselwähler. Aufgrund dieser Fluktuation brauchen Parteien einmal mehr Alternativen zu ihren starren Wahlkampfstrategien vergangener Jahre – charismatische Führungspersönlichkeiten müssen her.

Als Zugpferde der Parteien werden Präsidentschaftskandidaten in den USA, und Kanzlerkandidaten in der Bundesrepublik Deutschland, zu Transmittern politischer Inhalte. „Ideen sind kalt, nur Menschen sind heiß."[147] Was der Kommunikationswissenschaftler und Medienpolitiker Peter Glotz so treffend auf den Punkt bringt, ist längst soziologisch und psychologisch erforscht:

> „Personenwahrnehmung ist etwas, was wir alle praktizieren. [...] Die Verhaltensweisen anderer zu kennen, zu verstehen und dadurch imstande zu sein, sie zu antizipieren ist eine sehr grundlegende Notwendigkeit für eine reibungslose soziale Interaktion. Bevor Einstellungen verändert werden können, bevor soziale, altruistische Verhaltensweisen erfolgen können, bevor wir uns entschließen, uns zu einer Gruppe zu gesellen oder diese zu verlassen, muss Personenwahrnehmung stattfinden."[148]

Je undurchsichtiger und unverständlicher Politik wird, umso stärker sehnen sich die Wähler nach einem Kandidaten, mit dem sie sich persönlich identifizieren können, zu dem ein emotionaler Bezug hergestellt werden kann. Die Parteien unterstützen diesen Prozess, indem sie immer häufiger von der abstrakten Darstellung komplexer Sachverhalte im Wahlkampf abrücken. Vielmehr werden Personen zunehmend in den Mittelpunkt der Wahlkampagnen gerückt.[149]

Doch diese Entwicklung birgt Gefahren für die Partei. So zeichnet sich im bundesdeutschen Wahlkampf, nach dem Vorbild amerikanischer Wahlkämpfe, eine Entkopplung von Kandidat und Partei ab. Zunehmend ist im Wahlkampf zu beobachten,

---

[146] Vgl. Grafe, Wahlkampf, S. 155-156.

[147] Glotz, Peter, Politisches Wrestling – eine Schlachtbeschreibung. Nachtrag zum Bundestagswahlkampf 1994, in: Hamm, Ingrid (Hrsg.), Politik überzeugend vermitteln. Wahlkampfstrategien in Deutschland und den USA, Gütersloh 1996, S. 25-32, S. 31.

[148] Krech, David und Richard S. Crutchfield (Hrsg.), Grundlagen der Psychologie. Sozialpsychologie, Band 7, 2. Auflage, Weinheim und Basel 1985, S. 61.

[149] Eine Person in den Mittelpunkt der Kampagne zu stellen und über sie politische Botschaften zu vermitteln, ist wie bereits aus Kapitel 1 hervorgeht, nicht neu. Bereits in den fünfziger Jahren publizierte die CDU beispielsweise Wahlplakate, die ausschließlich die Person Adenauers zeigten – ohne Parteilogo, ohne Slogan. Nicht umsonst wurde auch zu dieser Zeit der Begriff der „Kanzlerdemokratie" geprägt. Die Personalisierung im Wahlkampf zieht sich durch die gesamte bundesdeutsche Wahlkampfgeschichte.

dass Partei und Kandidat nicht mehr als eine Einheit auftreten. Der Bundestagswahlkampf 1998 liefert hierfür ein gutes Beispiel.[150]

Gerhard Schröder präsentiert sich programmatisch moderater als seine Partei. Immer wieder macht er mit wirtschaftspolitischen Positionen auf sich aufmerksam, die von den sozialdemokratischen Traditionalisten nicht geteilt werden. Mit dieser Kontrastierung zur eigenen Partei tritt Schröder in die Fußstapfen Bill Clintons.

Dieser überzeugt 1992 durch seine Rede auf dem Parteitag der Demokratischen Partei, in der er sich als Modernisierer darstellt. Er spricht über aktuelle und brisante Themen und weicht in seiner Darstellung von programmatischen Inhalten seiner Partei ab. Er selbst bezeichnet sich als „New Democrat" und steht damit für den politischen Wechsel. Der Präsidentschaftskandidat verkörpert die neue Generation Amerikas, indem er sich von überholten Strukturen seiner Partei löst.[151]

In Bill Clintons Fall war eine partielle Loslösung von der Partei richtungsweisend und erfolgreich. Wichtig allerdings für eine solche Strategie ist, dass eine Einheit von Kandidat, Programm und politischer Orientierung einhergeht:

> „In einer personalisierten Kommunikationslandschaft müssen Image des Kandidaten, Wertorientierung des Kandidaten und die programmatischen Aussagen in Übereinstimmung sein."[152]

Den Medien kommt die Personalisierung der Politik entgegen. Sowohl die Presse als auch das Fernsehen und der Hörfunk stellen gerne Personen in den Mittelpunkt ihrer Wahlkampfberichterstattung. Mit einem Kandidaten als Protagonisten ist es wesentlich einfacher, eine „Geschichte aufzubauen" und das Interesse der Leser, Zuschauer und Zuhörer zu wecken. Politische Inhalte, die nicht über eine Person publiziert werden, wirken hingegen in der Berichterstattung zu abstrakt und schwer vermittelbar.

Trotzdem ist es auch für eine personalisierte Kampagne wichtig, dass die Partei geschlossen hinter ihrem Kandidaten steht.[153] Nach wie vor ist sie für Mitglieder ein Forum, in dem Politik gemacht wird. Außerdem wird der Bundeskanzler hierzulande nicht direkt vom Volk gewählt, sondern zur Bundestagswahl stehen Wahlkreiskandidaten und Parteien. Sie sind im demokratischen Prozess der Bundesrepublik Deutschland

---

[150] Vgl. Brettschneider, „Amerikanisierung von Bundestagswahlen", S. 4-5.
[151] Vgl. Matussek, Raus hier, besser machen, S. 127-128.
[152] Machnig, Matthias, Die Kampa als SPD-Wahlkampfzentrale der Bundestagswahl 1998, Organisation, Kampagnenformen und Erfolgsfaktoren, in: Forschungsjournal Neue Soziale Bewegungen, Nr. 3/1999, S. 20-39, S. 33.
[153] Ist das nicht der Fall, können die zerrütteten eigenen Reihen einem Kandidaten eher schaden, als ihm in der Öffentlichkeit einen Vorteil zu erbringen.

daher unerlässlich. Außerdem ist ihre Wahlkampfarbeit bis in die Kreisverbände hinein unentbehrlich für die Mobilisierung und Überzeugung der Wähler.[154]

3.1.2 Die Emotionalisierung der Wähler

> „Die Emotion ist die besondere Form der Widerspiegelung der objektiven Realität im Bewusstsein der Menschen; das Gefühl bildet eine wichtige Komponente der menschlichen Psyche und ist mit allen anderen Formen der psychischen Tätigkeit verbunden. Zum Unterschied von den kognitiven Formen der Widerspiegelung [...], widerspiegeln die Gefühle die subjektive Beziehung des Menschen zu anderen Menschen, zu Gegenständen und Prozessen der objektiven Realität sowie zu Gedanken, Anschauungen, Kunstwerken usw. in Form subjektiver Erlebnisse wie Freude, Zufriedenheit, Glück oder Ärger, Missmut, Unzufriedenheit, Traurigkeit usw. und entsprechender subjektiver Reaktionen."[155]

Gefühle lenken unser Denken und unsere Handlungen. Sie können Tätigkeiten der Menschen positiv beeinflussen oder auch beeinträchtigen. Unumstritten ist, dass Emotionen als „Reize, Gefühle oder Aktionen" ausgelöst werden, die in uns gewisse „Verhaltensabläufe" wecken.[156] Diese Befunde nehmen Politiker im Wahlkampf häufig als Grundlage für eine ihrer Kampagnenstrategien - der Emotionalisierung der Wähler.

Da die Wähler im Wahlkampf immer wechselhafter und somit unberechenbarer werden, wird seitens der Parteien und Kandidaten auf kurzzeitige Trends in den Kampagnen gesetzt.[157] Die Emotionalisierung von Wählern kann dabei mühelos in den Prozess des Wahlkampfes eingebaut werden – auf Wahlveranstaltungen, in Debatten oder auf Parteitagen werden durch den Kandidaten Botschaften vermittelt, die beim Wähler Emotionen hervorrufen sollen.

Besonders beliebt bei Politikern ist das Hervorrufen positiver Gefühle bei den Wählern durch emotionsgeladene Bilder, denn diese erzielen einen hohen Wiedererinnerungswert.[158] Ein kleines Kind auf dem Arm des Präsidentschafts- oder Kanzlerkandidaten - vornehmlich im Rahmen eines Besuches im Kinder- oder Obdachlosenheim - prägt sich bei der Wählerschaft besser ein, als ein Kandidat, der vor einer Versammlung von Arbeitern eine Rede hält.

---

[154] Vgl. Radunski, Politisches Kommunikationsmanagement, S. 40-41.

[155] Böhme, Waltraud, Dehlsen, Marlene und Eisel, Hartmut (et al) (Hrsg.), Kleines politisches Wörterbuch, 3. Auflage, Berlin 1978, S. 265.

[156] Vgl. Benesch, Hellmuth (Hrsg.), Grundlagen der Psychologie, Studienausgabe, Band 5, Weinheim 1992, S. 76.

[157] Vgl. Bürklin und Klein, Wahlen und Wählerverhalten, S. 182-183.

Auch Sprache und Emotion hängen eng zusammen. Politische Wahlkampfreden können daher auch eine „kognitive Färbung von Erregungszuständen" erzeugen:

> „Sprache ist nicht einfach dazu da, Gedanken auszudrücken, sondern Gedanken zu ermöglichen, die ohne sie gar nicht existieren könnten."[159]

Ein besonders beliebtes Merkmal im Wahlkampf scheint daher das Einbinden persönlicher Bezüge in politische Reden. Besonders auf Parteitagen oder Reden vor einer ausgewählten Zielgruppe bedienen sich Kandidaten Erzählungen aus ihrer Kindheit oder aus ihrer politischen Laufbahn, um beim Wähler Emotionen zu wecken.

So spricht beispielsweise Bill Clinton auf der *Democratic Convention*, am 14. August 2000 in Los Angeles über seine in der Amtszeit gemachten Erfahrungen:

> „Eight years ago, when our party met in New York, it was a far different time for America. Our economy was in trouble, our society was divided, our political system was paralysed. [...]I saw all this in very human terms when I travelled America in 1992: a child telling me her father broke down at the dinner table after losing his job; an older couple who had to choose between filling their shopping carts and filling their prescriptions; a hardworking immigrant in a hotel kitchen who said his son wasn't really free, because it wasn't safe for him to play in his neighborhood park."[160]

Auch Themen und Wahlkampfinhalte werden vor der Wahl häufig emotional besetzt. Um die Wählerschaft zur Wahl für die eigene Partei zu mobilisieren, sind vor allem Sachfragen von Wichtigkeit, welche die Menschen bewegen und emotional entscheiden lassen. Von Wahlkampf zu Wahlkampf können diese *emotional issues* unterschiedlich sein – häufig allerdings stehen emotionale Themen wie Arbeitslosigkeit und Asylpolitik an erster Stelle.

Der Appell an das Gefühl der Wähler ist nicht neu. Bereits gegen Ende des 5. Jahrhunderts lehrten die Sophisten politisch ehrgeizigen jungen Männern Rhetorik und politische Strategien. Dabei legten sie die Konzentration ihrer Schule auf Meinungen und Gefühle als Gegenstände der Manipulation. Die Wirklichkeit war für die Sophisten nicht einfach gegeben, sondern eine Frage der Perspektive. Für sie kam es darauf an, wie man diese ansehe und darstelle. Daher lautete ihr Leitsatz:

---

[158] Vgl. ohne Verfasser, Kleider machen Kanzler, in: Der Spiegel Online, 2. April 2002, unter: http://www.spiegel.de/panorama/0,1518,189630,00.html.
[159] Kagelmann, Jürgen H. und Gerd Wenninger (Hrsg.), Medienpsychologie. Ein Handbuch in Schlüsselbegriffen, München 1982, S. 30-31.

53

„Nicht die Tatsachen, sondern die Meinungen über die Tatsachen bewegen die Menschen."[161]

Auch der Politikwissenschaftler Richard K. Scher knüpft an diese Auffassung an. Als politischer Berater in Kampagnen setzt er auf die Emotionalisierung der Wähler, da diese ihre Entscheidung an Gefühlen, Meinungen und Empfindungen, nicht an politischen Tatsachen orientieren.

So waren beispielsweise 1960 weibliche Wähler in demselben Maße entzückt von den Hüten einer Jackie Kennedy wie sie die Garderobe einer Pat Nixon belächelten. Das waren die Themen, die einen Großteil der weiblichen Wählerschaft interessierten und von denen sie ihre Stimmabgabe abhängig machten. Die Politik der Präsidentschaftskandidaten rückte dabei in den Hintergrund. Vorurteile und Intoleranz führten, so Scher, oftmals zu einer Wählerentscheidung, die nicht an politischen Inhalten orientiert ist, sondern an Emotionen und Impressionen.[162]

Und auch im bundesdeutschen Wahlkampf wird die Emotionalisierung von Wählern immer wieder forciert. Der Bundestagswahlkampf 1998 wird beispielsweise in dem Wochenmagazin der Spiegel als „Eine Schlacht um Gefühle" tituliert – denn es sei nicht mehr ein Wahlkampf, der entlang der „traditionellen Milieulinien" geführt werde, sondern ein Wahlkampf, in dem es um die Emotionen der Wähler ginge:

> „Es sind Kleinigkeiten wie das Händeschütteln, die die Schlacht namens Wahlkampf entscheiden. [...] Es wird ein erbitterter Kampf um Symbole, um Begriffe, um Bilder und Gefühle."[163]

3.1.3 Die Inszenierung von Politik

Die Emotionalisierung der Wähler geschieht häufig durch inszenierte Handlungen von Politikern. Politisches Handeln besteht dabei immer aus zwei Elementen: dem „Nennwert" und dem „Symbolwert". Dabei bezieht sich erstgenannter auf den materiellen Aspekt von Politik, das heißt auf die tatsächlichen Effekte einer Handlung, den sogenannten *Output*. Der „Symbolwert" hingegen bezieht sich auf die Darstellung und Vermittlung einer Handlung in der Öffentlichkeit.

---

[160] Clinton, Bill, Text of Farewell Convention Address, in: ABC Online, 14. August 2000, unter: http://abcnews.go.com/sections/politics/DailyNews/DEMCVN_trans_clinton000814.html.
[161] Ross, Jan, Die neuen Sophisten, in: Die Zeit, 17. Januar 2002, S. 36.
[162] Vgl. Scher, The Modern Political Campaign, S. 8-9.
[163] Schumacher, Hajo, Eine Schlacht um Gefühle. Kanzlerkandidat Gerhard Schröder zwingt Helmut Kohl eine Kampagne nach amerikanischen Muster auf, in: Der Spiegel, Nr. 11/1998, S. 92-95, S. 92.

Diese expressive Dimension politischen Handelns gewinnt immer weiter an Bedeutung, da die herstellende Politik mehr und mehr den Bezug zum entscheidenden Gestalten verliert. Nach der Auffassung des Politikwissenschaftlers Ulrich Sarcinelli wird daher die Darstellung und Verpackung von Politik zur Aufrechterhaltung und Vortäuschung politischer Steuerungsfähigkeit immer wichtiger.

Besonders die „Mediatisierung" und das damit einhergehende *Agenda Setting* der Medien erfordert eine höhere massenmediale und fernsehgerechte Vermittlung von Politik. Das heißt, dass Politiker ihre Verhaltensweisen den Bedürfnissen der Medien anpassen, da die Berichterstattung von Presse, Hörfunk und Fernsehen zu einer „funktionalen Voraussetzung für den Erfolg in der Politik" wurde.[164]

Diese symbolische Politik, die sich in sprachlichen und nichtsprachlichen Symbolen ausdrücken kann, definiert Sarcinelli als „politisch strategisches Handeln, unter bewusster Verwendung von strategischen Mitteln".[165] Sie reduziert nach Ansicht des Politikwissenschaftlers die Problemkomplexität der Politik, vermittelt eine bestimmte Weltsicht und weckt beim Publikum Emotionen.

Die Symbolik dient neben der Emotionalisierung der Wähler - bezieht man Sarcinellis Konzept auf den Wahlkampf - der Erzeugung von Medienaufmerksamkeit und der Stimmenmaximierung. Doch politische Symbole dienen nicht nur der Vermittlung und Darstellung politischer Realitäten. Im Wettbewerb der Politiker und Parteien werden politische Symbole auch häufig für die Erzeugung einer politischen Scheinrealität instrumentalisiert.

Demnach kreieren Politiker und ihre Wahlkampfstäbe häufig „Pseudo-" beziehungsweise „Eventereignisse". Das sind Ereignisse, die generell nur aufgrund einer angestrebten Berichterstattung inszeniert werden.[166] Auch „mediatisierte Ereignisse" werden von Politikern hervorgebracht um die Aufmerksamkeit der Medien und somit der Wähler zu steigern. Dabei handelt es sich um mediengerecht aufgearbeitete, strategisch geplante Ereignisse.[167] [168]

---

[164] Vgl. Kepplinger, Hans Mathias, Die Demontage der Politik in der Informationsgesellschaft, München 1998, S. 157.

[165] Sarcinelli, Ulrich, Auf dem Weg zur medial-präsentativen Demokratie, in: Grimme, Nr. 3/1998, S. 10-12, S. 12.

[166] Zu Pseudo-Ereignissen können routinemäßige Inszenierungen wie Pressekonferenzen oder Pressemitteilungen; spektakuläre Inszenierungen wie Kundgebungen oder Demos; oder ungewöhnliche Ereignisse, wie beispielsweise Guido Westerwelles Fahrt mit dem „Guidomobil" quer durch Deutschland.

[167] Mediatisierte Ereignisse sind beispielsweise Staatsbesuche oder Parteitage.

[168] Vgl. Meyer, Thomas, Mediokratie – Auf dem Weg in eine andere Demokratie?, in: Aus Politik und Zeitgeschichte, B 15-16/2002, S. 7-14, S. 13.

Es ist beispielsweise auffällig populär unter Kanzlerkandidaten, Besuche bei Staatsoberhäuptern im Ausland ins Wahlprogramm aufzunehmen. Durch ein solch geplantes Ereignis kommt es zu erhöhter Medien- und somit Publikumsaufmerksamkeit. Auch Pseudo-Ereignisse erfreuen sich, werden sie von den Medien positiv aufgenommen, höchster Beliebtheit. In zahlreichen Wahlkämpfen, und so auch im Bundestagwahlkampf 2002, ist dieses Phänomen zu beobachten – sei es, wenn es um die Bildung eines „Kompetenzteams" durch den CDU/CSU-Kanzlerkandidaten Edmund Stoiber geht oder um die Vermarktung des 18-Prozent-Ziels des FDP-Kanzlerkandidaten Guido Westerwelle.

Die Erzeugung einer solchen „Event-Politik", in der nur noch die Inszenierung und ihr schöner Schein vorangestellt wird, birgt allerdings auch Gefahren. Denn die mediengerechte Darstellung von Politik in Form von Ritualen, Stereotypen und Symbolen kann zur allgemein akzeptierten politischen Vorstellung avancieren und die Inszenierung von Politik zur politischen Wirklichkeit für die Wähler werden lassen. Gleichzeitig jedoch bleibt das reine politische Handeln dabei im Verborgenen:[169]

> „Das gesamte politische System zeigt sich in der rituellen Inszenierung des Mythos als voll funktionsfähig: Die politischen Akteure erscheinen kompetent, handlungsfähig, moralisch integer und engagiert, "modern" und zukunftsfähig, vor allem aber: gemeinwohlorientiert. Die politischen Institutionen funktionieren in diesem Bild reibungslos. Und die Wähler sind sich ihrer Verantwortung für das Gemeinwesen bewusst, indem sie nicht nur zur Wahl gehen, sondern dort auch stets die "richtige" Entscheidung treffen."[170]

Doch nicht nur eine Irreführung der Wähler geht mit der Inszenierung von Politik einher. Eine weitere Folge der darstellenden Politik ist in der „Zurschaustellung unbegrenzter Handlungsfähigkeit" zu sehen, die dazu führt, dass ständig neue Ansprüche an die Politiker und Kandidaten gestellt werden, die in der Folge nicht zu erfüllen sind. So kann eine Glaubwürdigkeitslücke entstehen, die auf Dauer „neue Legitimationsprobleme" aufwirft:

> „Dasjenige Symbol, das sich am besten zum Ausdruck politischer Ernsthaftigkeit eignet, ist die kollektiv bindende Entscheidung selbst."[171]

---

[169] Vgl. Kepplinger, Die Demontage der Politik, S. 158.

[170] Dörner, Andreas und Ludgera Vogt, Der Wahlkampf als Ritual. Zur Inszenierung der Demokratie in der Multioptionsgesellschaft, in: Aus Politik und Zeitgeschichte, B 15-16/2002, S. 15-22, S. 19.

[171] Meifert, Jens, Bilderwelten. Symbolik und symbolische Politik im Prozess der politischen Kommunikation, Duisburg 1999, S. 107.

3.2 Professionelles Wahlkampfmanagement

3.2.1 Negative Campaigning

Eine kollektiv bindende Entscheidung zu treffen, das behaupten Parteien immer wieder von sich. Dem Gegner wird diese Kompetenz im Wahlkampf wiederum immer wieder abgesprochen:

> „Vier Jahre Rot-Grün waren verlorene Jahre für uns alle in Deutschland – die rot-grüne Politik hat Deutschland zum Schlusslicht in Europa gemacht. Dafür trägt Gerhard Schröder die Verantwortung. Die Deutschen haben Besseres verdient, als noch einmal vier Jahre verspielter Chancen, vier Jahre des Abstiegs, noch einmal vier Jahre lang Versprochen – Gebrochen."[172]

Dieser Auszug aus dem diesjährigen Wahlprogramm der CDU scheint geradezu bezeichnend für den Trend, der sich im bundesdeutschen Wahlkampf immer stärker durchsetzt. In Anlehnung an die Wahlkampftrends in den USA nimmt die Tendenz des *Negative Campaigning* auch in Deutschland immer weiter zu. Und nicht nur die eigentliche Diskreditierung des politischen Gegners steht dabei im Vordergrund, sondern auch die Berichterstattung über die Negativkampagne wird immer weiter vorangetrieben.

„Lügner, Spalter, Radikaler", titelte die *Frankfurter Allgemeine Zeitung* Anfang des Jahres 2002 und beschwor so den Anfang des personalisierten Wahlkampfes zwischen den Kanzlerkandidaten Edmund Stoiber und Gerhard Schröder.[173] Neu ist die Einbindung von *Negative Campaigning* in den Bundestagswahlkampf nicht. Allerdings wird diesem Wahlkampfelement von den Medien immer mehr Aufmerksamkeit geschenkt.

Negative Campaigning steht bei Journalisten und Berichterstattern nicht umsonst hoch im Kurs, ist doch die Aufmerksamkeit der Zuschauer bei persönlichen Auseinandersetzungen zwischen Protagonisten aus der Politik besonders hoch. Im Gegensatz zur Wahlkampfberichterstattung über politische Sachverhalte sorgt eine Konfrontation von Politikern für eine erhöhte Einschaltquote bzw. Leserschaft.[174]

---

[172] Wahlaufruf aus dem Regierungsprogramm 2002-2006 „Leistung und Sicherheit. Zeit für Taten" der CDU/CSU, S. 62.

[173] Vgl. ohne Verfasser, „Lügner, Spalter, Radikaler" – Der Bundestagswahlkampf hat begonnen, in: Frankfurter Allgemeine Zeitung, 14. Januar 2002, S. 1.

[174] Vgl. Dörner, Politainment, S. 112-114.

In den USA sind sich sowohl Berater als auch Journalisten darüber einig, dass *Negative Campaignig*, zumindest kurzfristig, einen noch größeren Einfluss auf den Wähler hat als konstruktivere Wahlkampfmethoden:

> „While there is room for argument about whether negative ads will damage the system in the long run, there is no argument about their short-term impact, [that] they work and they win elections. Voters pay more attention to them."[175]

Daher beschäftigt sich ein Bereich von amerikanischen Wahlkampagnen mit der „symbolischen Destruktion" des Gegners.[176] Die Attacken werden dabei sowohl gegen den politischen Gegner geführt als auch gegen seine Positionen. Mit Angriffen auf die Person des Gegners sind Botschaften verbunden, die den Charakter, die persönlichen Fähigkeiten oder das Verhalten des Gegenkandidaten zum Ziel haben.

Die 1988 vom damaligen US-Vizepräsidenten und republikanischen Präsidentschaftskandidaten George Bush durchgeführte Negativkampagne gegen seinen demokratischen Konkurrenten Michael Dukakis gilt als besonders hervorstechend in der Geschichte *des Negative Campaigning*, zeigt sie doch wie groß der Einfluss einer „Gegnerattacke" sein kann.

Bush griff seinen Gegner durch einen TV-Spot an, in dem es um die Urlaubsregelung von Strafgefangenen im US-Bundesstaat Massachusetts ging.[177] Als Gouverneur des Ostküstenstaates war Dukakis in Verbindung mit dem Programm „Wochenendfreigänge für Gefangene" genannt worden. Bei einem dieser Freigänge beging der wegen Mordes verurteilte Amerikaner Willie Horton Raub und Vergewaltigung. Dieser Vorfall sollte für den Demokraten Konsequenzen im Wahlkampf haben.

Auch wenn der Fall Horton ein Einzelfall und das Freigängerprogramm erfolgreich war, folgerten 49 Prozent der Wähler, Dukakis sei unfähig für eine ausreichende innere Sicherheit des Staates zu sorgen. Nur wenige Wähler informierten sich über den tatsächlichen Hintergrund des Sachverhaltes. Nicht Dukakis, sondern sein republikanischer Vorgänger und Parteifreund Bushs Francis Sargent nämlich hatte das Freigängerprogramm 1972 durchgesetzt.[178]

---

[175] Zitiert nach: Skaperdas, Stergios und Bernhard Grofman, Modelling Negative Campaigning, in: American Political Science Review, 89 Jg., Nr. 1/1995, S. 49-61, S. 49.
[176] Vgl. Dörner, Politainment, S. 114.
[177] Der Spot „*Weekend Passes*" ist unter
http://www.cnn.com/ALLPOLITICS/1996/candidates/ad.archive/horton.mov abrufbar.
[178] Vgl. Kaltenthaler, Das Geheimnis des Wahlerfolgs, S. 25-26.

Doch solche politische Schmutzkampagnen finden bei weitem nicht immer Beifall. Das wird beispielsweise im US-Präsidentschaftswahlkampf 1992 deutlich:

> „Die Republikaner mussten feststellen, dass viele Wähler des Dreckschmeißens überdrüssig sind. [...] In Zeiten von hoher Arbeitslosigkeit, Rekordverschuldung, wachsender Armut und wachsender Verachtung für amtierende Politiker sind die Wähler sehr viel misstrauischer geworden, was *Message* und Medium betrifft."[179]

Doch worauf Kritiker hier abzielen scheint wohl kaum seine Ursache im *Negative Campaigning* zu haben. Generell geht es hier um die wesentliche Ursache von Politikverdrossenheit, nämlich um moralische Defizite von Politikern - fehlende Offenheit gegenüber dem Bürger, eine politische Praxis, die aus Desinformation und Halbwahrheiten besteht und ein im Wahlkampf gängiges Verhalten der Kandidaten, das gezielte Lügen zur Gewohnheit werden lässt.[180]

Auch wenn *Negative Campaigning* nicht hoch in der Wählergunst einzuordnen ist, so scheint es doch seinen Sinn nicht zu verfehlen. Negative Informationen wiegen weitaus schwerer als positive – sie tendieren stärker dazu bereits bestehende Einstellungen beim Wähler zu beeinflussen. Der Wahlkampfberater Victor Kamber rät daher, in Kampagnen ganz spezielle Strategien zu verfolgen:

> „Go negative early, often and right through election day, if necessary. [...] Define your opponent to the voters before he can define himself or you [..]. If attacked, hit back even harder [...] It's easier to give voters a negative impression of your opponent than it is to improve their image of you, especially if you are already viewed negatively. The best way to win is by bringing the other guy down, not by bringing yourself up."[181]

Genannte Strategien sind im Wahlkampf meist offensichtlich. Kaum ein Politiker – zumindest im amerikanischen Wahlkampf - macht heutzutage einen Hehl aus seinen Negativkampagnen. Der politische Gegner wird offensiv und öffentlich an den Pranger gestellt, Tatsachen werden zum eigenen Vorteil vereinfacht dargestellt und

---

[179] Böhm, Wer transpiriert, der verliert, S. 22.
[180] Vgl. Wolling, Jens, Politikverdrossenheit durch Massenmedien? Der Einfluss der Medien auf die Einstellungen der Bürger zur Politik, Wiesbaden 1999, S. 38.
[181] Kamber, Victor, Trivial Pursuit. Negative Advertising and the Decay of Political Discourse, Washington 1991, S. 8.

Halbwahrheiten sind an der Tagesordnung.[182] Doch auch wenn genannte Strategien im Wahlkampf eindeutig vom Wähler erkannt werden und häufig abstoßend wirken, so verfehlen sie ihr Ziel nicht. Das bescheinigen auch Meinungsforscher und Medienberater:

> „People [...] hate it and remember it at the same time. The problem with positive is you have to run it again and again and again to make it stick. With negative, the poll numbers will move in three or four days."[183]

Negative Campaigning wird hierzulande nicht annähernd so verbissen und erbarmungslos praktiziert wie in den Vereinigten Staaten. Dennoch ist es aus bundesdeutschen Wahlkampagnen nicht mehr wegzudenken. Nicht von ungefähr nennt die CDU im Rahmen ihrer Wahlkampfstrategie als ersten von fünf Punkten in einem internen Papier die Negativkampagne, in deren Rahmen das Wichtigste sei „den Gegner mies zu machen".[184]

Doch auch die SPD mischt bei der Diskreditierung des politischen Gegners mit. So fand sich bereits im Januar 2002 eine fast 300 000 Euro teure, ganzseitige Anzeige in der *Bild-Zeitung*, die statt eines Porträts des CDU/CSU-Kanzlerkandidaten Stoiber eine weiße Fläche zeigte.[185] Auch persönliche Angriffe auf den Kanzlerkandidaten der Union sind an der Tagesordnung. Die SPD „widmet" dem bayrischen Ministerpräsidenten im Internet die Seite www.nicht-regierungsfaehig.de. Zudem werfen die Sozialdemokraten Stoiber vor er habe im Wahlkampf die „Weichspülnummer" gewählt.[186]

Nicht verwunderlich ist somit, dass der Wahlkampfexperte Gerd Langguth Edmund Stoiber und seinem Wahlkampfstab einen ganz spezifischen Hinweis für eine passende Antwort auf die Negativkampagne der SPD mit auf den Weg gibt:

---

[182] Besonders bei persönlichen und am gleichen Tag stattfindenden Gesprächen mit Wahlkampfstrategen von CDU/CSU und SPD wurde das deutlich. Beide Seiten behaupten von ihren Wahlkampfteams, Negative Campaigning zu betreiben, allerdings in einem fairen Rahmen, beschuldigen aber gleichzeitig die Gegenseite, dies nicht zu tun und Negativkampagnen in einem inakzeptablen Rahmen zu führen.

[183] Zitiert nach: Salmore, Barbara G. und Stephen A. Salmore, Candidates, Parties and Campaigns. Electoral Politics in America, Washington 1989, S. 159.

[184] Vgl. Perger, Werner A., Schröder mies machen! Ein internes Papier verrät: Größtes Augenmerk will die CDU auf die „Negativkampagne" richten, in: Die Zeit, Nr. 15/2002, S. 1-3, S. 2.

[185] Vgl. Knaup, Horand, Neubacher, Alexander, und Christoph Schult, Fehlstart für alle. Der schnelle Beginn des Wahlkampfs hat den Kanzler und den Unionskandidaten überfordert, in: Der Spiegel Online, 21. Januar 2002, unter: http://www.spiegel.de/spiegel/0,1518,179092,00.html.

[186] Vgl. Weiland, Severin, Kandidat Stoiber. Der Staatsmann auf Abruf, in: Der Spiegel Online, 25. April 2002, unter: http://www.spiegel.de/politik/deutschland/0,1518,193610,00.html.

„Die C-Opposition muss das Image der Regierungsparteien jetzt so beschädigen, dass sie sich nicht davon erholen, selbst wenn sich im Laufe des Jahres die Wirtschaft aufhellen sollte."[187]

3.2.2 Die Meinungsforschung

3.2.2.1 Wichtigster zu bestimmender Faktor – der Wechselwähler

Besonderes Interesse wird in Wahlumfragen auf den Wechselwähler gelegt – denn ihn gilt es zu durchschauen um ihn dann zu überzeugen. Sowohl in den Vereinigten Staaten als auch in der Bundesrepublik Deutschland wird ein stetig wachsendes Potential an Wechselwählern ermittelt. Demnach schwankt die Anzahl der Wechselwähler in den USA zwischen zehn und 29 Prozent – 75 Prozent davon sind Frauen.[188] In der Bundesrepublik waren bei der Bundestagswahl 1998 ein Drittel der 82,2 Prozent Wechselwähler.[189][190]

Über die Gründe der Wechselwähler in beiden Ländern wird gestritten. Von Wahlforschern wird dabei immer wieder auf das Zusammenwirken sozialer und politischer Erklärungsansätze gesetzt. Als Hauptgrund für die hohe Anzahl von Wechselwählern in den USA wird hauptsächlich die Schwächung der Parteien gesehen, die zu sich auflösenden sozialen Bindungen in der Wählerschaft führt.[191]

Die Wahlforscher Norman H. Nie, Sidney Verba und John R. Petrocik führen in den siebziger Jahren die politische Wechselbeständigkeit der Wähler auf brisante und häufig kritisierte politische Ereignisse wie Watergate oder den Vietnamkrieg zurück. Diese Krisen führten zu einem Rückgang der Parteibindung vor allem bei jüngeren Generationen.[192]

Im Gegensatz zu vornehmlich politischen Gründen für das Verhalten von Wechselwählern in den USA stehen überwiegend soziale Entwicklungen als Ursache für das Potential von Wechselwählern in Deutschland. Das Anwachsen einer neuen Mittel-

[187] Langguth, Gerd, Wo ist der Jost Stollmann des Kandidaten Edmund Stoiber? Ein Wahlkampfexperte gibt dem CSU-Chef Tipps, in: Die Welt, 7. Februar 2002, S. 2.

[188] Vgl. Wahlers, Gerhard und Ursula Carpenter, „Gender Gap 2000". Zum Wahlverhalten amerikanischer Frauen im U.S. Präsidentschaftswahlkampf, in: Konrad-Adenauer-Stiftung Online, 19. Oktober 2000, unter: http://www.kas.de/publikationen/2000/sicherheit/usa_wahlkampf/gender.pdf.

[189] Vgl. Korte, Karl-Rudolf, Wahlen in der Bundesrepublik Deutschland, 3. Auflage, Bonn 2000, S. 104.

[190] Dabei sollte allerdings beachtet werden, dass die Wahlbeteiligung in Deutschland im internationalen Vergleich hoch ist. In den USA gibt es 62 Prozent Nichtwähler – in Deutschland gehen hingegen durchschnittlich 17,8 Prozent der Bevölkerung nicht zur Wahl.

[191] Vgl. Zelle, Carsten, Der Wechselwähler. Eine Gegenüberstellung politischer und sozialer Erklärungsansätze des Wählerwandels in Deutschland und den USA, Opladen 1995, S. 49-52.

[192] Vgl. Nie, Norman H., Verba, Sidney und John R. Petrocik, The Changing American Voter, Cambridge 1979, S. 58-73.

schicht, die nachlassende Kirchenbindung und die Bildungsexpansion sind die in der Literatur am häufigsten genannten sozialen Veränderungen.[193]

3.2.2.2 „Opinion Research" - Grundlage des Campaigning

Meinungsforschung wird in den Vereinigten Staaten schon seit 1916 als Grundlage für die Ausarbeitung einer Wahlkampfstrategie betrieben.[194] Dabei wird zwischen drei Kategorien des *polling* unterschieden - *public polls* werden von den Medien, den Kandidaten oder Parteien für die Öffentlichkeit und eigene Zwecke durchgeführt, *private polls* werden von kommerziellen Unternehmen in Auftrag gegeben und *scientific polls* werden häufig von öffentlichen Geldern oder akademischen Einrichtungen finanziert und über einen längeren Zeitraum durchgeführt.[195]

Auch in der Bundesrepublik Deutschland gründen die großen Parteien ihre Wahlkampfstrategien bereits seit Anfang der sechziger Jahre auf Erkenntnisse aus der Meinungsforschung. Die Christdemokraten griffen dabei häufig auf die Arbeit der *Forschungsgruppe Wahlen* und die des *Instituts für Demoskopie in Allensbach* zurück, die SPD arbeitete eng mit dem *Institut für angewandte Sozialforschung* und der *Forsa* zusammen.[196]

Die Meinungsforschung zu Wahlkampfzwecken erfüllt zahlreiche Anforderungen. Die Popularität von Kandidaten kann anhand von Bürgerbefragungen festgelegt, die Relevanz von Problemen herausgearbeitet und die Problemkompetenz von Parteien ermittelt werden. Vor allem repräsentative Umfragen ermöglichen eine „Feinjustierung der zu verbreitenden *Images*, Themen, Argumente und Slogans im Wahlkampf."[197]

Wahlkampfteams setzen daher auch bevorzugt sogenannte *Focus Groups* ein.[198] Diese bestehen aus einer möglichst nicht repräsentativen Gruppe von Wählern, die dazu eingesetzt wird, die Wirkung von Kampagnenslogans, -themen und -bildern zu bewerten. Anhand der Ergebnisse kann der Wahlkampfstab eines Kandidaten entsprechend reagieren und die Kampagne, falls erforderlich, umgestalten.

---

[193] Vgl. Zelle, Der Wechselwähler, S. 52-53.
[194] Vgl. Wayne, The Road to the White House, S. 226-227.
[195] Vgl. Kavanagh, Dennis, Public Opinion Polls, in: Butler, David, Penniman, Howard R. und Austin Ranney, Democracy at the Polls. A Comparative Study of Competitive National Elections, Washington 1981, S. 196-215, S. 197-198.
[196] Vgl. Rudzio, Wolfgang, Das politische System der Bundesrepublik Deutschland, 4. Auflage, Opladen 1996, S. 207-210.
[197] Vgl. Brunner, Wolfram, Wahlkampf in den USA III: Medienarbeit. Arbeitspapier zum Projekt Politische Kommunikation der Konrad-Adenauer-Stiftung e.V., Sankt Augustin 2001, S. 8-9.

Umfrageergebnisse und „Kampagnenwirkungsforschung" beim Wähler liefern zudem einen Überblick über die Stimmung in der Bevölkerung. Die Entwicklung der Meinungsbildung beim Wähler kann durch Befragungen evaluiert werden. Kriterien über die Einstellung der Bürger zur Politik können durch den Einsatz von Meinungsforschung entsprechend gewonnen werden.

Allerdings sind Meinungsumfragen und die Berichterstattung darüber sowohl in den USA als auch hierzulande umstritten. In den achtziger Jahren formierte sich Opposition gegen die Demoskopie aus allen bundesdeutschen Parteien. Der Christdemokrat Dieter Weirich beispielsweise schlug einen freiwilligen Publikationsverzicht von Meinungsumfragen vor, andere Politiker folgten ihm[199]:

> „Mit der Veröffentlichung von Antworten auf die sogenannten „Sonntagsfragen" der Demoskopen [...] werde in zunehmendem Ausmaße „manipuliert". Mit solchen Meinungsumfragen werde Politik gemacht."[200]

Auch der amerikanische Politikwissenschaftler John Zaller warnt vor einer Überbewertung der Ergebnisse der Meinungsforschung. Dabei bezieht er sich auf die Interviewsituationen, die sich während einer Wählerbefragung ergeben können. Während dieser sei der Befragte nämlich befangen, da er zu einer relativ fremden Person spreche. Oftmals gebe er daher Antworten, die seinen Einstellungen überhaupt nicht entsprächen.[201]

Für den Politologen Jürgen Falter sind Wahlumfragen durchaus aussagekräftig:

> „Wahlumfragen sind erschreckend genau, wenn man bedenkt, dass viele der Befragten lügen, nicht zur Wahl gehen, oder ihren Entschluss zum Zeitpunkt der Befragung noch nicht gefällt haben. Die Geschichte der Demoskopie in Deutschland zeigt, dass vor allem Telefoninterviews selten vom vorhergesagten Ergebnis abweichen."[202]

---

[198] *Focus Groups* werden ebenfalls bevorzugt in der Wirtschaft eingesetzt, um Produkte vor der Produktion und der Markteinführung zu testen und zu bewerten.

[199] Brettschneider, Frank, Wahlumfragen. Empirische Befunde zur Darstellung in den Medien und zum Einfluss auf das Wahlverhalten in der Bundesrepublik Deutschland und den USA, München 1991, S. 60-61.

[200] Fromme, Karl Friedrich, Keine Umfrage-Zahlen vor der Wahl?, in: Frankfurter Allgemeine Zeitung, 22. Juli 1980, S. 3.

[201] Vgl. Zaller, John, The Nature and Origins of Mass Opinion, Cambridge 1993, S. 119.

[202] Bezugnehmend auf ein Interview mit dem Politologen Jürgen Falter in *Berlin Direkt* vom 14. Juli 2002, 19.10 Uhr im ZDF.

3.2.3 Opposition Research

Neben dem *Negative Campaigning* und der Meinungsforschung gehört *Opposition Research* zum professionellen Wahlkampfmanagement. Die Beobachtung des politischen Gegners ist im amerikanischen Wahlkampf als Strategie besonders beliebt. Genau deshalb haben sich deutsche Wahlkampfberater die Gegnerbeobachtung in den USA zum Vorbild für den Wahlkampf im eigenen Land gemacht. Erstmals wurde *Opposition Research* 1998 in der Wahlkampfzentrale der SPD, der Kampa, als eigene Arbeitseinheit eingerichtet. Der Name der Abteilung wurde Programm – Analyse, Konkurrenz, Recherche:

> „Es wird ernst: Pünktlich um neun Uhr rückt heute der erste zusätzliche Wahlkampfhelfer in das Erich-Ollenhauer-Haus in Bonn ein. Ein Student der Rheinischen Friedrich-Wilhelms-Universität soll von diesem Montag an täglich rund 500 Zitate in die neue Datenbank der SPD einscannen. [...] Zurück bis ins Jahr 1980 will die SPD Widersprüche in den Aussagen führender Koalitionspolitiker auflisten, nicht gehaltene Versprechen und Meinungsverschiedenheiten dokumentieren, auf Knopfdruck abrufbar machen. Regierungskritische Stimmen von Unternehmern, Wirtschaftsfachleuten und Kirchenleuten sollen ebenso gespeichert werden wie negative Auslandsstimmen."[203]

Generell ist die Gegnerbeobachtung in Deutschland kein völlig neues Instrument, allerdings ist die Intensität, in der sie im Bundestagswahlkampf 1998 betrieben wird, neu. Denn nicht nur Negativmaterial in Form von Zitaten und früheren politischen Handlungen wird gegen den politischen Gegner verwendet, auch die „Sensoren der SPD reichen [im Bundestagswahlkampf 1998; Anmerkung der Verfasserin] bis ins Konrad-Adenauer-Haus". Der Text des Wahlprogramms von CDU/CSU liegt der Kampa daher schon lange vor seiner Veröffentlichung vor.[204]

In den USA sind derlei Vorkommnisse nicht neu, denn *Opposition Research* hat dort eine lange Tradition. Durch die Personalisierung im amerikanischen Wahlkampf ist die Gegnerbeobachtung als Kampagnenstrategie nicht mehr wegzudenken. Bis in die achtziger Jahre galt diese in den Vereinigten Staaten als eine besondere Strategie, die

---

[203] Ohne Verfasser, „Wenn Politik mit Wodka und Autoreifen konkurrieren muss", in: Die Welt, 14. Juli 1997, S. 3.
[204] Vgl. Rulff, Dieter, Und der Sieg ist blau so blau, in: TAZ, 20. August 1998, S. 13.

auf Angriff und offensive Auseinandersetzung mit dem Gegenkandidaten ausgerichtet war. Heute ist die Gegnerbeobachtung integraler Bestandteil einer jeden Kampagne.[205]

Um Beweismaterial für den Wahlkampf verwertbar zu machen, den Hintergrund und die Behauptungen des Gegners auszuleuchten und für offensive Werbung oder die Streuung von Informationen unter die Presse zu sorgen, ist es in den USA üblich, externe „*Oppo*-Berater" anzustellen, die anderen Beratern zuarbeiten. Pro Wahlperiode werden in den Vereinigten Staaten dafür rund 16 Millionen Dollar ausgegeben.[206]

Die Wahlkampfteams in den USA gehen nicht gerade zimperlich mit dem politischen Gegenkandidaten um. Seine komplette Vergangenheit wird auf den Kopf gestellt – dazu werden häufig sogar Personen befragt, die früher mit dem Kandidaten in irgendeiner Form Kontakt hatten. Oftmals wird der Gegenkandidat sogar beschattet:

> „Politische Kampagnen definieren sich über den Gegner. Daher ist die Beobachtung gegnerischer Züge und Manöver, das Recherchieren gegnerischer Stärken und Schwächen eine wichtige Grundlage. [...] Erforderlich sind jedoch Spürsinn und Systematik – und auch Ehrlichkeit sich selbst gegenüber."[207]

70 Prozent ihres Materials ziehen die *Opposition Researchers* allerdings aus Zeitungsarchiven, Bibliotheken, Datenbanken und Gerichtsakten. Dabei nutzen sie ebenfalls die Auskunftspflicht von Behörden und Körperschaften des öffentlichen Rechts. Die Recherchen sollen verwertbares, unanfechtbares Material hervorbringen, mit dem durch die Presse an die Öffentlichkeit gegangen werden kann.

Oftmals gelingen diese Strategien. Der republikanische Kandidat George W. Bush beispielsweise wäre vor der Präsidentschaftswahl 2000 in den USA beinahe über einen von der Gegenseite ausgegrabenen Fehltritt gestolpert. Diese nämlich hatte herausgefunden, dass Bush als 30-jähriger ein Wochenende lang in Kennebunkport im US-Bundesstaat Maine im Gefängnis saß, nachdem er betrunken in seinem Auto von der Polizei angehalten wurde.

Opposition Research kann aber auch als defensives Mittel eingesetzt werden. So lassen sich Kandidaten auch häufig Gutachten von „*Oppo*-Beratern" ausstellen, die über

---

[205] Vgl. Shea, Daniel M., Campaign Craft. The Strategies, Tactics, and Art of Political Campaign Management, Westport 1996, S. 92-93.

[206] Vgl. Althaus, Wahlkampf als Beruf, S. 108-109.

[207] Cecere, Vito, Man nennt es Oppo. Opposition Research als systematische Beobachtung des Gegners, in: Althaus, Marco (Hrsg.), Kampagne! Neue Strategien für Wahlkampf, PR und Lobbying, 2. Auflage. Münster 2001, S. 65-80, S. 65.

die eigene Verwundbarkeit Auskunft geben sollen. Auf eventuelle Attacken des Gegners können dementsprechend schon im Vorfeld Vorbereitungen getroffen werden.[208]

Bisher gibt es wenig literarisches Material über das Feld des *Opposition Research*. Die Parteien und ihre Wahlkampfteams halten sich relativ bedeckt – sie wollen weder über die Funktionsweise politischer Konkurrenzbeobachtung sprechen noch über Instrumente und Mittel, derer sie sich bedienen.

Auffallend für die Wahlkampfstäbe von SPD und CDU/CSU ist allerdings, wie mit dem Thema der Gegnerbeobachtung verbal umgegangen wird. Denn in anlässlich dieser Arbeit geführten Interviews räumten beide Sprecher der Kampagnen ein, dass *Opposition Research* stattfinde, allerdings mit zeitgleicher Betonung, dass dem politischen Gegner dabei nicht mit unfairen Mitteln begegnet werde:

> „Es geht immer um die Frage wie man Erkenntnisse umsetzt und wir setzen sie nicht um in der Form, dass wir den politischen Gegner unwirsch angehen. Die CDU hingegen versucht - das steht ja auch in ihrer Strategie - dass mit aller Macht der Zusammenhang zwischen Aufschwung und Regierung zerschlagen werden muss. Aber diese Strategie wird nicht aufgehen, denn Schmutzkampagnen führen zu Politikverdrossenheit."[209]

Doch weder die CDU/CSU, noch die SPD haben bisher den Wahlkampf durch Schmutzkampagnen bestritten. Besonders die politische Wahlkampflandschaft in Deutschland zeichnet sich durch die Einhaltung bestimmter moralischer Grenzen aus. Zwar werden Informationen über die Gegenseite in der Öffentlichkeit genutzt, um eigene Positionen in ein positives Licht zu rücken, dennoch wird der Persönlichkeitsschutz eines jeden Einzelnen eingehalten.

Der Gegnerbeobachtung wird von einigen Experten daher sogar eine positive Wirkung auf den demokratischen Bildungsprozess zugesprochen, denn die öffentliche Auseinandersetzung mit der politischen Konkurrenz fördert nicht zuletzt die Transparenz in der Politik. Allerdings unterliegt *Opposition Research* dabei auch gewissen Prämissen – sie sollte immer der Wahrheit entsprechen und verifizierbar sein, außerdem als öffentliche und allgemein zugängliche Information gehandelt werden und schließlich politische Bedeutung innehaben.[210]

---

[208] Vgl. Althaus, Wahlkampf als Beruf, S. 109.
[209] Aussage des Büroleiters des Bundesgeschäftsführers der SPD Herrn Lutz Meyer anlässlich des persönlichen Interviews am 25. April 2002 in Berlin.
[210] Vgl. Shea, Campaign Craft, S. 94-95.

3.3 Nutzung multimedialer Vermittlungsformen

3.3.1 Die Rolle des Fernsehens

Das in der Geschichte bisher wirkungsvollste Vermittlungsmedium im Wahlkampf ist das Fernsehen. Seit Anfang der sechziger Jahre war es sowohl Amerikanern als auch Europäern möglich, die Eigenschaften und politischen Fähigkeiten eines Kandidaten im Fernsehen zu verfolgen. John F. Kennedy war der erste Präsidentschaftskandidat in den USA, der das Fernsehen als Wahlkampfmedium erkannte und für sich nutzte. Viele politische Beobachter gaben ihm deswegen auch den Beinamen „Fernsehpräsident".[211]

Für den Demokraten soll seine Präsenz im Fernsehen sogar mitentscheidend für den Gewinn der Präsidentschaftswahl 1961 gewesen sein. Denn bei der Übertragung der ersten Fernsehdebatte zwischen Kennedy und Nixon sahen 70 Millionen Amerikaner einen müden, hageren und schlecht rasierten Nixon, Kennedy hingegen wirkte vor der Kamera frisch und entspannt – strahlte jugendlichen Elan und Charme aus.[212]

Ob Kennedy die Präsidentschaftswahl mit einer hauchdünnen Mehrheit nur aufgrund seines Fernsehwahlkampfes gewann, bleibt fraglich.[213] Allerdings kann die Wirkung von visuellen Bildern schon in den sechziger Jahren nicht bestritten werden, denn die Amerikaner, welche die Debatte im Radio verfolgten, sahen Nixon im Gegensatz zu den Fernsehzuschauern als klaren Sieger des Duells.

Die einschlägige Wirkung des Fernsehens als zentrales Wahlkampfmedium wird in den USA ab 1960 schnell deutlich:

> „Television has come to be a weapon in almost every major campaign that is waged in this country. [...] For some, even at the presidential level, this has been the key to victory."[214]

Besonders die Wahlkampfteams der Kandidaten schätzen die Reichweite des Fernsehens. Mühsame Wahlkampfmaßnahmen wie Briefaktionen oder die persönliche Ansprache der Wähler treten mit dem neuen Medium in den Hintergrund.

In der Bundesrepublik wird erstmals 1976 von einem „audiovisuell dominierten Wahlkampf gesprochen".[215] Dem Fernsehen wird unter anderem von den Kommunika-

---

[211] Halberstam, David, The Powers that be, New York 1970, S. 223.

[212] Vgl. Burner, John F. Kennedy, S. 85-89.

[213] Berechnungen des Meinungsforschers Elmo Roper zufolge verdankt Kennedy den vier 1961 stattgefundenen Fernsehdebatten zwei Millionen Wählerstimmen.

[214] Gilbert, Robert E., Television and Presidential Politics, Massachusetts 1972, S. 306-307.

[215] Vgl. Holtz-Bacha, Massenmedien und Wahlen, S. 23.

tionswissenschaftlern Noelle-Neumann und Kaase eine Beeinflussung des Meinungsklimas nachgesagt, welche sich auch auf die Wahlentscheidung der Wähler auswirkt.[216] Auch der Wahlkampfmanager Peter Radunski zieht aus dem Bundestagswahlkampf 1976 eine ganz klare Erkenntnis: „Wahlkämpfe können im Fernsehen gewonnen oder verloren werden."[217]

In den USA übertrumpft das Fernsehen bereits in den sechziger Jahren den Hörfunk und die Presse.[218] 1988 existieren in den USA mehr als 1400 Fernsehstationen; die amerikanische Durchschnittsfamilie verbringt mehr als sechs Stunden vor dem Fernseher. [219] Besonders Personen mit niedriger formaler Bildung und geringem politischen Interesse informieren sich häufig mittels TV über politische Ereignisse. Vor allem durch Werbespots können Kandidaten also auch politisch relativ desinteressierte Wahlberechtigte erreichen.

Doch nicht nur diese *campaign ads* sollen die Kandidaten und ihre Parteien anpreisen. Neben der *paid media* ist für eine erfolgreiche Kampagne auch die *free media* unerlässlich. Und dabei wird nicht mehr nur auf Nachrichtensendungen und politische Magazine gesetzt, sondern auch auf Talkshows und Newsmagazine, die, nach amerikanischem Muster, neben den politischen Entwicklungen in der Welt auch über neugeborene Affen im Wuppertaler Zoo berichten.[220]

Diese Entwicklung des vordergründigen Entertainment zwingt den Parteien und Kandidaten immer häufiger eine Entpolitisierung der Politik auf. Medienkritiker wie Neil Postman warnen vor der Auflösung von Inhalten und der Veränderung der Rolle des Fernsehens: „Problematisch am Fernsehen ist nicht, dass es uns unterhaltsame Themen präsentiert, problematisch ist, dass es jedes Thema als Unterhaltung präsentiert."[221]

Die Wähler scheinen diese Entwicklung anders zu beurteilen. Demnach zeigen verschiedene amerikanische Untersuchungen zum Präsidentschaftswahlkampf 1992, dass Auftritte der Kandidaten in Talk Shows und Unterhaltungssendungen gut ankom-

---

[216] Vgl. Noelle-Neumann, Die Schweigespirale, S. 232. Und vgl. Kaase, Max, Fernsehen, gesellschaftlicher Wandel und politischer Prozess, in: Kaase, Max und Winfried Schulz (Hrsg.), Massenkommunikation. Theorien, Methoden, Befunde, Opladen 1989, S. 97-117, S. 97.
[217] Radunski, Peter, Strategische Überlegungen zum Fernsehwahlkampf, in: Schulz, Winfried und Klaus Schönbach (Hrsg.), Massenmedien und Wahlen, München 1983, S. 131-145, S. 131.
[218] Vgl. Bachem, Christian, Fernsehen in den USA. Neuere Entwicklungen von Fernsehmarkt und Fernsehwerbung, Opladen 1995, S. 33.
[219] Vgl. Ostendorf, Berndt, Radio und Fernsehen, in: Adams, Willi P., Czempiel, Ernst-Otto und Berndt Ostendorf (et al) (Hrsg.), Länderbericht USA, Band II, 2. Auflage, Bonn 1992, S. 691-701, S.694.
[220] Vgl. Lesche, Dieter, Nachrichtenformen. Nicht so trockene Kost, bitte!, in: Blaes, Ruth und Gregor A. Heussen (Hrsg.), ABC des Fernsehens, Konstanz 1997, S. 278-283, S.278-280.
[221] Vgl. Postman, Neil, Wir amüsieren uns zu Tode, 11. Auflage, Frankfurt am Main 1998, S. 110.

men. Besonders wichtig scheint hierbei die Identifizierung der Wähler mit verständlichen politischen Inhalten.

Statt komplexen und auf einem hohen Bildungsniveau stattfindenden Diskussionen, würden in Talk Shows die Probleme bürgernäher und verständlicher dargestellt.[222] Hinzu kommt, dass der Zuschauer den Kandidaten auch von einer anderen, persönlicheren Seite kennenlernt.

Gerade trotz dieser Untersuchungsergebnisse wird Politik aufgrund des Fernsehens als Wahlkampfmedium immer mehr zum Bilderstreit, die „Auflösung des Politischen" nimmt in Talk- und Spaßrunden ihren Lauf.[223] Besonders während der Wahlkampfzeit scheint der Sendekreis den Wahlkreis zu ersetzten.

Die Kandidaten scheinen dabei nicht einmal um Sendezeit kämpfen zu müssen. Auf der Feier ihres 25-jährigen Bestehens stellte demnach die Forschungsgruppe Wahlen fest, dass beispielsweise Schröder im Vorfeld der Bundestagswahlen 1998 mehr als doppelt so viele Fernsehauftritte hatte wie 1994 der SPD-Kanzlerkandidat Scharping, und der wiederum war schon 1994 doppelt so oft im Fernsehen gezeigt worden wie Lafontaine vier Jahre zuvor.[224]

Auch bei Thementalks wie „Berlin Mitte", „Sabine Christiansen" oder „Maischberger" sind Politiker Dauergäste, die, einmal mehr im Wahlkampf, gerade konstituierender Bestandteil dieser Sendungen zu sein scheinen. Nach amerikanischem Vorbild nutzen die Politiker Auftritte in Magazinen und Talkshows zur Selbstinszenierung und Imagepflege. So fand sich Joschka Fischer vor der Bundestagswahl 1998 zum Thema „Wechselbäder" bei „Boulevard Bio" ein und plauderte über Jogging und Diät, die Trennung von seiner letzen Frau und über die große Liebe.[225]

Sogar die Late-Night-Show von Harald Schmidt wurde 1998 zur Wahlkampfbühne – allein zwölf hochrangige Politiker waren innerhalb von vier Monaten zu Gast, unter ihnen Claudia Nolte in anschließend verhöhnter Rüschenbluse, die scheinbar nach dem Vorbild Bill Clintons und seinem Saxophonspiel in der „Arsenio Hall Show" den beliebten Maffay-Klassiker „Über sieben Brücken musst du gehen" sang.[226]

---

[222] Vgl. Just, Crosstalk, S. 139-142.
[223] Vgl. Gauland, Alexander, Lagerwahlkampf? Lächerlich! Bürgerliche Werte spielen beim Buhlen der Parteien um die Medien keine Rolle, in: Die Welt Online, 2. Mai 2002, unter: http://www.welt.de/daten/2002/05/02/0502fo329579.htx.
[224] Vgl. ohne Verfasser, Schröder Medienwirksamkeit. Wer entscheidet die Wahl: Kandidaten, Demoskopen, das Fernsehen?, in: Die Welt, 20. Januar 1999, S. 4.
[225] Vgl. Holtz-Bacha, Christina, Die Entertainisierung der Politik, in: Zeitschrift für Parlamentsfragen, 31. Jg., Nr. 1/2000, S. 156-166, S. 162-163.
[226] Vgl. Holtz-Bacha, Entertainisierung, S. 163.

Was Politiker und ihre Berater als geschickte Wahlkampfstrategie sehen, weil sie von hohen Einschaltquoten und einer positiven Adaption seitens der Zuschauer ausgehen, kann auch gegenläufige Effekte erzielen. Denn einer zu großen Entertainisierung von Politik sind Grenzen gesetzt. Schnell kann ein positiver Unterhaltungswert umschlagen in negative Schlagzeilen und schlimmstenfalls zu Politikverdrossenheit führen.

Doch noch lange nicht jeder Politiker ist für Unterhaltungsformate geeignet. Rudolf Scharping beispielsweise nahm 1994 im Wahlkampf an diversen Talkshows teil, um seinen Bekanntheitsgrad bei den Wählern zu verbessern und seinem langsamen und langweiligen Image entgegenzuwirken. Doch seine Strategie ging nicht auf – Scharpings Auftritte waren für die Verbesserung seines Ansehens wenig dienlich.[227]

Die Rolle des Fernsehens im Wahlkampf bleibt trotzdem unangefochten. Der Trend zur Entpolitisierung sowohl in den USA, als auch in Deutschland scheint kaum noch aufzuhalten zu sein. An die Stelle der Darstellung von Sachpositionen treten nicht nur Shows, in denen Politiker ihre ganz private und persönliche Seite zeigen, sondern auch eine konzentrierte Berichterstattung, die sich häufig um den aktuellen Stand des Wettrennens, des sogenannten *horse race* dreht.

An dieser Entwicklung sind weniger die Politiker beteiligt, sondern vorrangig die Medien, die sich durch eine Entpolitisierung in den Programmen eine höhere Einschaltquote und somit bessere Werbeeinnahmen erhoffen.

3.3.2 Das Internet als Kommunikationsplattform
3.3.2.1 Entwicklung des Wahlkampfmediums

1996 wird es erstmals in der breiten Praxis des amerikanischen Wahlkampfes Realität.[228] Das Internet wird als Kommunikationsmittel für den Wahlkampf eingesetzt und Wähler können via Internet mit den Kandidaten des US- Präsidentschaftswahlkampfes kommunizieren, sich auf den Kandidatenhomepages informieren, tägliche Newsletter an die eigene E-Mailadresse abonnieren und mit anderen Usern in sogenannten *chat groups* über die Wahl diskutieren.

---

[227] Vgl. Holtz-Bacha, Entertainisierung, S. 162.
[228] Generell wurden in den USA erste Erfahrungen während der Präsidentschaftswahl 1992 gesammelt, als am Massachusetts Institute of Technology universitäre Forschungsprojekte durchgeführt wurden. Im Kongresswahlkampf 1994 hatten Kandidaten erstmals eigene Webseiten im World Wide Web.

Eine E-Mail von Bill Clinton oder im Chat mit Bob Dole, das wird durch die Homepages der Kandidaten möglich.[229] Während das Internet 1996 als Wahlkampfmedium noch in den Kinderschuhen steckt, ist es heute aus Kampagnen nicht mehr wegzudenken. Inzwischen ist das Internet zum „zentralen Medium politischer Kommunikation" und somit für den Wahlkampf unerlässlich geworden.[230] In der Literatur wird es sogar schon als fünfte Macht im Staat bezeichnet:

> „The Fifth Estate is a sort of committee of the whole, made up of all citizens online."[231]

1996 waren es in den USA 2,5 Millionen User die politische Informationen aus dem Internet bezogen. Bereits vier Jahre später sind es 149 Millionen User.[232] Mit der Einführung des Internets als neue Kommunikationsplattform 1996 sollen die Wähler neben den herkömmlichen Wahlkampfmedien ein weiteres Medium nutzen können, das gänzlich neue Möglichkeiten bietet. Durch Interaktivität und „many-to-many-communication" soll die Einseitigkeit der bisherigen Informationsbereitstellung eingeschränkt und die Kluft zwischen Kandidat und Wähler überwunden werden.[233]

Die amerikanischen Kandidaten und ihre Wahlkampfteams stellen sich schnell auf die digitale Ära ein, denn die Vorteile der Nutzung des *Cyberspace* überwiegen für sie eindeutig. Ohne Filterung durch die Presse als *gatekeeper* können eigene Wahlkampfinformationen und Programme ausführlich und vor allem kostengünstig im Netz dargestellt werden, wobei die Inhalte und Positionen auf der Website jederzeit ausgetauscht beziehungsweise geändert werden können. Außerdem ist es dem Kandidaten mit Hilfe seiner eigenen Site im Internet sogar möglich, seine Argumente und Stellungnahmen in *Newsgroups*, Online Diskussionsforen und in *Chatrooms* darzulegen.

Neben den Internetseiten der Kandidaten werden im Netz vor allem zu Wahlkampfzeiten sogenannte *Electronic Town Meetings* durchgeführt. Von Zeit zu Zeit stellen Kandidaten sich auf kommerziellen Online-Diensten oder Nachrichtenseiten den

[229] Die offizielle Homepage von Bill Clinton und Al Gore ist unter www.cg96.org erreichbar. Die offizielle Homepage von Bob Dole war unter www.DoleKemp96.org erreichbar.
[230] Kleinsteuber, Hans J., Horse Race im Cyberspace? Alte und neue Medien im amerikanischen Wahlkampf, in: Internationale Politik, 51. Jg., Nr. 11/1996, S. 39-42, S. 41.
[231] Morris, Dick, Vote.com, Los Angeles 1999, S. 2.
[232] Vgl. Computer Industry Almanac Online, unter: http://www.c-i-a.com/pr032102.html.
[233] Vgl. Clemens, Detlev, Das Potential des Internets in Wahlkämpfen, in: Politische Bildung, 32. Jg., Nr. 4/1999, S. 52-63, S. 53.

Fragen der Bürger.[234] Bei diesen Online-Hearings geht es vor allem um aktuelle politische Fragen, die der Kandidat innerhalb eines *chats* beantworten kann.[235]

Auch die Organisation des Wahlkampfes wird durch die digitale Vernetzung erleichtert. *Intranets* – nur für hauptamtliche Mitarbeiter des Wahlkampfsstabs zugängliche Netze - perfektionieren die zentralisierte Organisation und Koordination des Wahlkampfes. Lokale Wahlkampfhelfer können aktuell via E-Mail mit strategischen Richtlinien versorgt werden, Informationen können auf schnellstem Wege verbreitet werden. Durch das Intranet können auch geheime Botschaften verschlüsselt geschickt werden, ohne dass gewöhnliche User Zugriff darauf haben.[236]

Im bundesdeutschen Wahlkampf spielt das Internet erstmals 1998 eine Rolle, nachdem es nicht nur 1996 in den USA neues Wahlkampfmittel ist, sondern auch 1997 beim Wahlkampf in Großbritannien genutzt wird.[237] Ob Politiker, Parteien, politische Institutionen, Bürgerinitiativen oder die Medien – alle entdecken das Internet für den Bundestagswahlkampf als neue Kommunikationsplattform.[238]

Der Wahlkampf 2002 zeigt eine zunehmende Hinwendung zur Personalisierung im Internet. So sind im Netz Kandidatendomains nach dem Vorbild des amerikanischen Internetwahlkampf 2000 entstanden.[239] Zusätzlich gibt es neue Konzepte, wie das der *rapide response*, welches eine zeitnahe Reaktion auf Aktionen des Gegners ermöglicht.[240] Bereits 6,9 Millionen User haben 1998 in Deutschland Zugang zum Internet.[241]

3.3.2.2 Die Wirkung des Internets

Die Wirkung des Internets als Wahlkampfmedium bleibt fraglich. Zwar sind es in Deutschland bereits 30,8 Millionen User, die das Internet nutzen und es wird ge-

---

[234] Vgl. Kaid, Lynda Lee und Dianne G. Bystrom, The Electronic Election in Perspective, in: Kaid, Lynda Lee und Dianne G. Bystrom, The Electronic Election, S. 363-369, S. 366-367.

[235] Unter www.democracy.net werden auch oft mit Kongressabgeordneten *Town Hall Meetings* durchgeführt, die auf der Seite im Archiv nachzulesen sind.

[236] Vgl. Clemens, Detlev, Wahlkampf im Internet, in: Gellner, Winand und Fritz von Korff (Hrsg.), Demokratie und Internet, Baden-Baden 1998, S. 143-156, S. 149.

[237] Vgl. Bieber, Christoph, Politmarketing mit Megabytes. Online Wahlkampf und Virtuelle Parteienzentralen, in: Bollmann, Stefan und Christine Heibach, Kursbuch Internet, Mannheim 1996, S. 148-155.

[238] Zur Bundestagswahl wurden im Internet zahlreiche Server eingerichtet – so stellte das Angebot http://www.wahlkampf98.de eine umfangreiche Linksammlung zum Thema Wahlkampf. Unter http://www.wahlen98.de wurden Wahlkampfelemente analysiert und kommentiert.

[239] Vgl. beispielsweise www.gerhardschroeder.de, www.stoiber.de, www.joschka.de, www.guidomobil.de.

[240] Während des Bundestagswahlkampfes 1998 konnten die Wähler Informationen über Helmut Kohl unter der Adresse www.cdu.de und www.bundeskanzler.de abrufen, Gerhard Schröder präsentierte sich im Internet unter www.schroeder98.de.

[241] Vgl. Kuhlen, Rainer, Die Mondlandung des Internet, Konstanz 1998, S. 17.

schätzt, dass zehn Prozent davon die Seiten der politischen Parteien und der Kandidaten besuchen; inwieweit die Webpages bei den Wählern allerdings einen bleibenden Eindruck hinterlassen, ist noch nicht erwiesen.[242] Eine größere Menge an Informationen ist schwieriger zu durchschauen, zumal der Bedarf danach erst einmal geweckt werden muss:[243]

> „Das Internet ist als politische Arena immer nur so gut und demokratisch, wie es die vernetzten Stimmbürger machen."[244]

Vom Internet sind keine Wunder zu erwarten, zumal auch nicht vergessen werden darf, dass die User des *World Wide Web* sich zusätzlich noch anderer Wahlkampfmedien bedienen und ihre Informationen nicht nur aus dem Internet beziehen.[245] Nach Einschätzung amerikanischer Webmaster brachte die aufwendige Internetpräsenz der Kandidaten keine nennenswerten Vorteile, trotzdem zeigen neun von zehn Amerikanern Interesse mit ihren Volksvertretern im virtuellen Raum zu kommunizieren.[246]

Auch Projekte wie *Vote Smart* in den USA oder *Wahlkampf '98* in Deutschland erhalten großen Zuspruch. Sie stellen die unabhängige Informationsbereitstellung für den Wähler sicher, der so zusätzlich zu den herkömmlichen Medien die Chance hat sich aufzuklären.[247]

Durch die Gründung solcher Gruppierungen wird deutlich, dass es beim Online-Wahlkampf weniger um das erfolgreiche Abschneiden der Wahl geht, sondern eher um die „demokratisierende Wirkung" und das Internet als „pluralisierendes Element."[248]

Das Internet bietet ein Forum, das weder Fernsehen noch Radio und Zeitung in der Form bieten können. Hier findet unkomplizierte und schnell gestaltete Partizipation statt – allerdings anonym - und das wiederum lässt es als fragwürdig erscheinen, ob das Internet in Zukunft eine Rolle für einen eingehenderen politischen Dialog spielen wird.

---

[242] Vgl. Clemens, Detlev, Netz-Kampagnen, in: Kamps, Klaus, Elektronische Demokratie, Opladen 1999, S. 153-174, S. 153.
[243] Vgl. Clemens, Das Potential des Internets in Wahlkämpfen, S. 60.
[244] Leggewie, Claus, Das Internet als Wahlkampfarena, in: Politik Digital, 01. Juli 1999, unter: http://www.politik-digital.de/netzpolitik/weboffensive/wahlkampfarena.shtml.
[245] Vgl. Clemens, Das Potential des Internets in Wahlkämpfen, S. 58.
[246] Vgl. Leggewie, Claus, Demokratie auf der Datenautobahn oder wie weit geht die Zivilisierung des Cyberspace, in: Langenbucher, Wolfgang R. (Hrsg.), Elektronische Medien. Gesellschaft und Demokratie, Wien 2000, S. 220-232.
[247] *Vote Smart* ist ein unabhängiges Projekt, dass die Bürger neutral über die politischen Vorgänge in den USA informiert. *Vote Smart* ist im Internet unter http://www.vote-smart.org zu erreichen. Wahlkampf '98 versteht sich als pluralistische Plattform zum Thema Bundestagswahl und war während des Wahlkampfes 1998 unter www.wahlkampf98.de im Netz verfügbar.
[248] Vgl. Bieber, Christoph, Politische Projekte im Internet, Frankfurt am Main 1999, S. 136.

Ein weiterer Nachteil des Internets ist der Verlust von Authentizität. Eine Diskussion im Internet wird beispielsweise nie die Dimension eines Gespräches im realen Raum erreichen können, schon allein deshalb nicht, weil Online-Diskutanten oftmals nicht auf die Argumentation anderer User eingehen, sondern erstrangig die eigene Meinung, falls möglich, auch mit Kraft ausdrücken.[249]

Wahlkampfteams sollten zwar das Internet als Wahlkampfmedium im Auge behalten, da es trotz seiner innewohnenden Nachteile für aktive *Netizens*[250] eine nahezu unerschöpfliche Informationsquelle darstellt, ihm allerdings nicht allzu viel Euphorie entgegenbringen, da es auch die Gefahr birgt, dass die Glaubwürdigkeit der Informationen nicht nachgeprüft wird. Denn nie zuvor hat es ein Medium gegeben, in dem jeder etwas sagen darf und jeder Zugang zu fast allen Informationen hat.[251]

3.3.3 Die traditionsreichen Printmedien

Trotz der gewichtigen Rolle, die dem Fernsehen und dem Internet in Wahlkampfzeiten zukommt, werden auch die traditionsreichen Printmedien von Wahlkampfstrategen und Politikern als ein wesentliches Wahlkampfmedium angesehen. Der Anspruch des Zeitungslesens als intellektuelle Aktivität, die Konzentration und lineares Denken erfordert, steht dabei im krassen Gegensatz zur passiven Berieselung durch das Fernsehen.

Die aktivste Leserschaft bildet sich dabei aus den sogenannten Entscheidungsträgern. Vor allem überregionale von „besonderer publizistischer Qualität" geprägte Tageszeitungen werden zum Großteil von der „gesellschaftlichen Elite" gelesen. Demnach erfreut sich beispielsweise die *Frankfurter Allgemeine Zeitung* einer äußerst gebildeten Leserschaft – von 1,2 Millionen Lesern haben mehr als die Hälfte das Abitur oder das Studium abgeschlossen und verfügen somit - im Vergleich zu vergleichbaren Blättern - über die höchste Schulbildung.[252]

Im Gegensatz zu Zeitungen wie der bereits erwähnten *Frankfurter Allgemeine Zeitung*, *Die Welt*, *Süddeutsche Zeitung*, oder *Frankfurter Rundschau*, steht die soge-

---

[249] Vgl. Stradtmann, Philipp, Schröders virtuelle Stoßtruppe, in: Politik Digital, 15. Juli 1999, http://www.politik-digital.de/text/netzpolitik/weboffensive/vov.shtml.

[250] Der Begriff *Netizen* setzt sich zusammen aus den englischen Term *citizen* und *net. Netizens* sollen Mitglieder einer Gemeinschaft sein, die das weltweite Computernetz zur elektronischen Kommunikation benutzen. Es handelt sich also grob um alle Bürger im Netz.

[251] Vgl. Kinskofer, Lieselotte und Stefan Bagehorn, Lesen, Zappen, Surfen: Der Mensch und seine Medien, München 2000, S. 65.

nannte *yellow press* mit der *Bild-Zeitung* an der Spitze. Diese erreicht eine tägliche Leserschaft von elf Millionen Menschen pro Tag. Dabei verzeichnet die Zeitung eine heterogene Leserschaft – der Anteil von Arbeitern ist überdurchschnittlich, dennoch erreicht die *Bild-Zeitung* aufgrund ihrer hohen Auflagenzahl mehr Bürger mit Abitur oder Studium als die bereits erwähnte *Frankfurter Allgemeine Zeitung.*[253]

Nicht verwunderlich ist daher auch der Status, den die *Bild-Zeitung* im bundesdeutschen Wahlkampf einnimmt. So behauptet das Forschungsinstitut Medien Tenor in einem 1999 veröffentlichten Forschungsbericht, das Fernsehen und die Bild-Zeitung hätten nicht unwesentlich zum Sieg Gerhard Schröders beim Bundestagswahlkampf 1998 beigetragen. Aufgrund der positiven Berichterstattung und der angewandten Kritik gegen die bestehende Bundesregierung habe die Zeitung Stimmung gemacht – zugunsten der Person Schröders.[254]

Wegen des nicht zu unterschätzenden Einflusses, den Zeitungen auch im Fernsehzeitalter immer noch auf die Leser haben, wird auch im Wahlkampf auf das Printmedium gesetzt. 1993 gaben 86 Prozent der Deutschen auf die Frage nach der wichtigsten Hilfe für die Wahlentscheidung eines der Massenmedien an – darunter 27 Prozent die Zeitung.[255]

Trotzdem sprechen Kritiker dem Wahlkampfmedium Zeitung häufig seine Wirkung ab. Der Herausgeber des *Tagesspiegels* Hermann Rudolph beispielsweise, sieht die Printmedien im Gegensatz zum Fernsehen als nicht in der Lage, dem Wähler „Suggestivität" und „Emotionalität" zu vermitteln. Daher könnten sie nicht „jenes Moment an Wirklichkeit herstellen, in dessen Produktion die Bedeutung des Fernsehens für die politische Diskussion besteht".[256]

Auch wenn Zeitungen nicht in der Lage sind entsprechend schnell und aktuell wie das Fernsehen zu reagieren, so geschieht eine Informationsvermittlung umso ausführlicher und umfassender. Kommentare, Kritiken, Erklärungen und Analysen – durch Reportagen, Berichte oder Hintergründe verhelfen sie dem Wähler zu einer sogar fundierteren Wahlentscheidung als politische Berichterstattung im Fernsehen.

---

[252] Vgl. Wilke, Jürgen, Leitmedien und Zielgruppenorgane, in: Wilke, Jürgen (Hrsg.), Mediengeschichte der Bundesrepublik Deutschland, Bonn 1999, S. 302-329, S. 311.

[253] Vgl. Wilke, Leitmedien und Zielgruppenorgane, S. 314.

[254] Vgl. ohne Verfasser, Media Coverage of Election Campaigns, in: Media Tenor International Quarterly Journal, Nr. 1/1999, S. 4-5, S. 4.

[255] Vgl. Korte, Wahlen in der Bundesrepublik Deutschland, S. 114.

[256] Rudolph, Hermann, Ereignismodellierung. Der Wahlkampf in den Printmedien, in: Oberreuter, Heinrich (Hrsg.), Parteiensystem am Wendepunkt? Wahlen in der Fernsehdemokratie, München 1996, S. 145-153, S. 145.

Auch in den USA zielen Präsidentschaftskandidaten daher unter anderem auf die Printmedien als Verbreitungsmedium ihrer Wahlkampfbotschaften. Dabei versuchen vor allem ihre Beraterstäbe ein gutes Verhältnis zur Presse aufzubauen.[257] Denn spätestens seit der Aufdeckung des *Watergate*-Skandals 1973 durch die *Washington Post* ist sowohl amtierenden Präsidenten als auch Präsidentschaftskandidaten die Macht der Presse und ihre Einflussmöglichkeit auf die Einstellung der Bürger bewusst.

„Print leads, television follows" – das behaupten amerikanische Medienleute und bezeichnen damit einen Vorgang, der auch heute noch zu beobachten ist. Oftmals nämlich werden politische Sachfragen und Themen erst von Zeitungen und Zeitschriften aufgebracht – investigativer Journalismus ist eine Fähigkeit die häufiger Printjournalisten als TV-Redakteuren nachgesagt wird.[258] In der Thematisierung der politischen Kampagne ist somit die Presse zweifelsohne überlegen.[259]

Allerdings wird dabei häufig die klare politische Ausrichtung der Zeitungen und Zeitschriften - besonders in den Vereinigten Staaten - bemängelt. Denn für die amerikanische Presselandschaft ist es üblich, sich auf die Seite eines Kandidaten zu schlagen und diesen während seiner Kampagne zu unterstützten.[260] So unterstützte beispielsweise das *Wall Street Journal* die Präsidenten Ronald Reagan und George Bush. Hintergrundinformationen und eine gründliche Recherche lässt das häufig vermissen:

> „The press in the 1994 and 1996 campaigns illustrated a desire to return to more informative, issue-oriented coverage but stumbled badly in understanding the meanings of the two elections. The usual emphasis on short-term events and the knee-jerk conclusions about the meaning of the 1994 landslide suggest that reporters did not perceive either the depth of the disenchantment with the electoral process or voters concerns with good issues."[261]

3.4 Zusammenfassung

Wahlkampfteams können sich, wollen sie im politischen Wettbewerb konkurrenzfähig bleiben, der Innovation der Technik, der Umgestaltung der Medienlandschaft und der damit einhergehenden Veränderung des Rezeptionsverhaltens der Wähler nicht

---

[257] Vgl. Just, Crosstalk, S. 106.
[258] Generell scheint sich in den Medien immer häufiger der Trend des „Kopierens Anderer" durch zu setzten. Die eigene Recherche findet dabei nicht mehr statt – Informationen werden von anderen Medien einfach übernommen und kopiert.
[259] Vgl. Radunski, Wahlkämpfe, S. 88.
[260] Vgl. Watson, Richard A., The Presidential Contest, New York 1980, S. 57.
[261] Liebovich, Louis W., The Press And The Modern Presidency. Myths and Mindsets from Kennedy to Clinton, Westport 1998, S. 31.

entziehen. Politische Wahlkampfkampagnen funktionieren, das haben deutsche Wahlkämpfer vom amerikanischen *Campaigning* gelernt, heutzutage ausschließlich durch Heranziehung ausgeklügelter Kommunikationsstrategien.

Eine dieser Strategien ist die Personalisierung von Wahlkampagnen, denn charismatische Führungspersönlichkeiten eignen sich hervorragend als Transmitter politischer Inhalte: In einer Zeit, in der beim Wähler Orientierungsprobleme durch die Auflösung gesellschaftlicher Strukturen entstehen, sehnt dieser sich nach einem Kandidaten, zu dem er einen persönlichen Bezug herstellen und mit dem er sich identifizieren kann.

Eine Komponente, die mit der Personalisierung der Kampagnen einhergeht, ist die Emotionalisierung. Kandidaten können den Wähler positiv beeinflussen, indem sie Reize, Gefühle oder Aktionen bei diesem auslösen, die gewisse Verhaltensabläufe wecken. Vor allem durch überwältigende Bilder, politisch mitreißende Reden oder emotionale Themen kann die Wählerschaft zur Wahl für die eigene Partei mobilisiert werden.

Die Inszenierung von Politik ist ein Teil der Emotionalisierung von Wählern, denn ohne ihre Darstellung und Verpackung könnten Gefühlsregungen beim Wähler nur schwerlich geweckt werden. Die Symbolik dient dabei, so der Politikwissenschaftler Sarcinelli, der Erzeugung von Medienaufmerksamkeit und der Stimmenmaximierung.

Erhöhte Medienaufmerksamkeit wird ebenfalls durch die Anwendung von *Negative Campaigning* im Wahlkampf erreicht, denn die Diskreditierung des politischen Gegners und die damit häufig einhergehenden öffentlichen und persönlichen Auseinandersetzungen führen zu erhöhtem Interesse bei den Wählern. Die Attacken auf den Gegner haben die persönlichen Fähigkeiten des Gegenkandidaten, sein Privatleben oder seine politischen Standpunkte zum Ziel.

Durch *Negative Campaigning* können entweder die Einstellungen zu einem Kandidaten beim Wähler verändert oder gefestigt werden. Allerdings werden Schmutzkampagnen auch häufig kritisiert. Vor allem in Zeiten hoher gesellschaftlicher Probleme sind die Wähler des „Dreckschmeißens" der Parteien und Kandidaten überdrüssig.

Additiv und unterstützend zum *Negative Campaigning* gibt es in amerikanischen und deutschen Wahlkampfzentralen den Bereich des *Opposition Research*. Um die eigene Position im Wahlkampf zu stärken und den Gegner zu schwächen, werden im Rahmen der Gegnerbeobachtung Informationen eingeholt, gegnerische Züge und Manöver beobachtet. Verwertbares Negativmaterial, das aus Nachforschungen hervorgeht, wird dann, meist anonym, der Presse zugespielt.

Um politische Kommunikationsstrategien wie das *Negative Campaigning* und *Opposition Research* erfolgreich einsetzen zu können, müssen allerdings ausführliche Informationen über Wahlgewohnheiten der Bevölkerung vorliegen. Zu Zeiten, in denen das Wechselwählerpotential immer höher wird, ist es für Wahlforscher immer schwieriger die Stimmung in der Bevölkerung zu analysieren.

Neben dem Einsatz von Wahlforschungsinstituten, setzen Wahlkampfzentralen *Focus Groups* ein, um die Wirkung von Kampagnenslogans, -bildern, und -themen zu bewerten. Anhand der Ergebnisse kann dann die Kampagnenstrategie bewertet und gegebenenfalls umgestellt werden.

Umfragen werden ebenfalls zu einer erfolgreichen Nutzung multimedialer Vermittlungsformen in Auftrag gegeben. So können Wahlkampfmedien wie das Fernsehen, das Internet und die Printmedien effektiv genutzt werden, indem die Interessen der Wähler bedient werden. Die genannten Medien, vor allem das Fernsehen, sind die Herzstücke einer Kampagne.

In Wahlkampfzeiten scheint der Sendekreis den Wahlkreis zu ersetzen. Durch Auftritte in Talkshows- und Unterhaltungssendungen haben Kandidaten die Chance, ihre Politik verständlich und bürgernah zu erläutern. Meist allerdings kann dabei eine Auflösung politischer Inhalte wahrgenommen werden, denn eine immer heterogener werdende Medienlandschaft führt zu einer verstärkten Entertainisierung von Politik.

Im Internet sind Kandidaten und ihre Wahlkampfteams nicht auf die Unterhaltungsformate der Medien angewiesen. Ohne die *Gatekeeper*-Funktion der Medien können Wahlkampfprogramme ausführlich und kostengünstig im Netz dargestellt werden, wobei die Inhalte und Positionen auf der Website jederzeit austauschbar sind.

Anders als die Rolle des Fernsehen und des Internet in Wahlkampagnen muss die Rolle der traditionsreichen Printmedien betrachtet werden. Denn der Anspruch des Zeitungslesens als intellektuelle Aktivität, steht im starken Gegensatz zu einer passiven Berieselung des Wählers durch das Fernsehen. Die Einflussmöglichkeit der Zeitung im Wahlkampf ist extrem hoch: Durch die zumindest in seriöser Presse ausführlich gestaltete Berichterstattung kann der Wähler zu einer fundierteren Wahlentscheidung gelangen als durch die Rezeption anderer Medien.

4. Elemente von *Campaigning* im Bundestagswahlkampf 1998

4.1 Bundestagswahlkampf 1998

4.1.1 Die Inszenierung der SPD

Von Beginn an hat die Wahlkampfzentrale der SPD, die Kampa, das Problem, dass sie den Wahlkampf nicht auf eine bestimmte Person als Kanzlerkandidaten ausrichten kann, denn die Entscheidung zwischen zwei möglichen Aspiranten - nämlich Oskar Lafontaine und Gerhard Schröder - soll erst im Frühjahr 1998 nach der Landtagswahl in Niedersachsen getroffen werden.

Daher wählt die SPD die sogenannte „Doppelkopfkampagne". Ziel dieser Strategie ist die Verbindung der Begriffe „Innovation" und „Gerechtigkeit", für die Oskar Lafontaine und Gerhard Schröder stehen. In drei Anzeigentypen sind daher die beiden Kandidaten mit dem Slogan: *„Gegen kopflose Politik hilft nur eins: neue Köpfe."* abgebildet. [262]

Die SPD verwandelt ihr Personalproblem, die Doppelspitze Schröder und Lafontaine, in einen Vorteil. Die zumindest öffentlich zur Schau gestellte Einträchtigkeit der beiden Kanzlerkandidaten hilft der Partei Geschlossenheit zu demonstrieren. Zusätzlich wird durch die Hervorstellung beider Politiker ein breiteres Wählerspektrum angesprochen. [263]

Beide Spitzenkandidaten genießen hohes Ansehen in ihrer Partei – der Parteivorsitzende Oskar Lafontaine gilt als „SPD-kompatibler", als mächtiger Genosse, „der bei den Parteifunktionären [...] die größeren Sympathien genießt." [264] Allerdings scheiterte Lafontaine im Bundestagswahlkampf 1990 als Kanzlerkandidat der SPD gegen Helmut Kohl.

Gerhard Schröder hingegen, als wirtschaftspolitischer Sprecher in die Führungsspitze der Partei zurückgekehrt, hatte in seiner Amtszeit als Ministerpräsident von Niedersachsen viele Sympathien genossen, demnach liegt er in Umfragen nach dem favorisierten SPD-Kanzlerkandidaten der Wähler mit 61 Prozent vor dem damaligen Bundeskanzler Helmut Kohl. [265]

---

[262] Vgl. Korte, Wahlen in der Bundesrepublik Deutschland, S. 124.
[263] Vgl. Noelle-Neumann, Kampa, S. 32.
[264] Borchers, Andreas und Hans Peter Schütz, Neues aus dem roten Intriganten-Stadl, in: Stern, 5/1998, S. 102-106, S. 106.
[265] Vgl. Borchers, Andreas, Neues aus dem roten Intriganten-Stadl, S. 106.

Für die Presse ist die „doppelte Kanzlerkandidatur" der Sozialdemokraten Anlass für zahlreiche Spekulationen. Niemand nimmt den beiden Kandidaten der SPD ihre zur Schau gestellte Harmonie so richtig ab:

> „Der sich derzeit andeutende Zwist ist nur das Vorspiel zu einem viel größeren Knatsch. Das Solidaritätsschauspiel der Rivalen wird am 1. März beendet."[266]

Und tatsächlich fällt Gerhard Schröder der Bonus der Kanzlerkandidatur der SPD zu. Nach dem Sieg der Sozialdemokraten bei der Landtagswahl in Niedersachsen wird das öffentliche Rätselraten um die Kandidatenfrage beendet. Am 1. März 1998 wird Gerhard Schröder vom Parteipräsidium, darunter auch Oskar Lafontaine, als Kanzlerkandidat der SPD nominiert.

4.1.1.1 Der Parteitag der SPD in Leipzig

Einen Monat später lautet das Motto des niedersächsischen Ministerpräsidenten Gerhard Schröder auf dem SPD-Parteitag in Leipzig am 17. April 1998, auf dem er offiziell zum Kanzlerkandidaten gekürt werden soll *„Ich bin bereit!"*. Mit strahlendem Lächeln, hoch erhobenen Händen und dem Victory-Zeichen zeigt der niedersächsische Ministerpräsident vor allem seinen Parteigenossen und Dutzenden Kamerateams: *„Ich bin der Mann, der die Ära Kohl beenden wird!"*.

Eine eigens für den Parteitag komponierte Hymne unterstützt den Auftritt Schröders, der Einzug der Parteispitze wird in Szene gesetzt wie ein Einzug der Gladiatoren, ein sekundengenaues Timing schreibt unter anderem vor:

> *„Schröder und Lafontaine treten an die Rampe, Winken und Beifall bis zum Ende der Musik."* [267]

Das Fernsehen überträgt den Parteitag, der lediglich sechs Stunden dauert und eher einer Hollywoodshow als einer politischen Veranstaltung gleicht. Politische Diskussionen finden in Leipzig nur peripher statt, einzig und allein die Person Schröders soll hier vermarktet werden. Die SPD hat dabei mehr als ihre politische Konkurrenz zu bieten - mehr Musik, mehr Licht, mehr Farbe, mehr Show.

---

[266] Schumacher, Hajo, Leinemann, Jürgen und Annette Großbongardt, „Die Legende soll leben", in: Der Spiegel, Nr. 8/1998, S. 33-48, S. 38.
[267] Bresser, Klaus, Von Profis, Posen und Prinzipien. Bemerkungen zum „Medienwahlkampf 1998", in: Zweites Deutsches Fernsehen (Hrsg.), ZDF Jahrbuch 1998, Mainz 1999, S.12.

Journalisten und Redakteure sind einhellig der Meinung, es handelt sich in Leipzig um einen Parteitag, der, so perfekt inszeniert, nicht in der deutschen Nachkriegsgeschichte zu finden ist. Sie sprechen von der „Krönungsmesse" oder auch „Inthronisierung" Gerhard Schröders.[268]

Klaus Bresser kommentiert den Parteitag in der *Heute-Sendung* mit den Worten:

> „Die Aufführung ist zu Ende, und an dieser Stelle stünde jetzt besser ein Theaterkritiker als ein politischer Kommentator: So gewaltig war die Inszenierung, so ausgetüftelt die Regie, so pompös der musikalische Rahmen."

Und am selben Abend heißt es bei Alexander Niemetz im *Heute-Journal*:

> „Boxkampf oder Oskarverleihung? Triumphierend wie ein Champion, bravourös wie ein Filmstar zog Gerhard Schröder in die Leipziger Messehalle zum SPD-Parteitag ein... Hollywood lässt grüßen. Ein mediengerecht inszenierter Wahlkampfauftritt, typisch für Amerika oder Großbritannien, an den wir uns erst noch gewöhnen müssen."[269]

Gerhard Schröder scheint der „neue Star" auf der politischen Bühne, den Medien kommt es gelegen. Telegener als seine Vorgänger Oskar Lafontaine und Rudolf Scharping, der 1994 zur Bundestagswahl als Kanzlerkandidat der SPD antrat, erweist sich Schröder im folgenden Wahlkampf gewandter im Umgang mit den Medien. Ähnlich wie amerikanische Präsidentschaftskandidaten versteht er es seine Person ins Rampenlicht zu rücken.

Der Schlüssel für Gerhard Schröders Erfolg liegt dabei in seiner Art, sich den Medien und damit auch den Zuschauern, den potentiellen Wählern, zu verkaufen. Ein durchorganisiertes, hochprofessionelles Wahlkampfteam steht außerdem hinter ihm – aufgestellt und organisiert nach angloamerikanischem Vorbild.

4.1.1.2 Wahlkampfinhalte und -kampagnen der Sozialdemokraten

Zusätzlich zur Konzentration auf Gerhard Schröder reduzieren die Sozialdemokraten den Kern ihres Wahlkampfes auf vier Begriffe: *„Wechsel"*, *„Führung"*, *„Innovation"* und *„Gerechtigkeit"*, die einen scharfkantigen Wahlkampf für die CDU kaum

---

[268] Hetterich, Volker, Von Adenauer zu Schröder – der Kampf um Stimmen. Eine Längsschnittanalyse der Wahlkampagnen von CDU und SPD bei den Bundestagswahlen 1949-1998, Opladen 2000, S. 399.

zulassen. Die Wirkung der Begriffe wird vor dem Einsatz auf Plakaten und anderen Werbemitteln beim potentiellen Wähler getestet:

> „Oftmals liegt man mit seinem Befinden, was politische Botschaften und Begriffe angeht, neben der Meinung der Wähler. Daher haben wir in der ersten Wahlkampfphase der Kampa 1998 eine Gruppe von Wählern - nach dem Vorbild der amerikanischen *Focus Groups* - zu unseren Wahlkampfkonzepten befragt."[270]

Parallel dazu startet die SPD die sogenannte *„Multiplikatorenkampagne"*, die speziell darauf zugeschnitten ist, von den Medien aufgenommen und verbreitet zu werden. Diese Kampagne ist Teil des Angriffswahlkampfes gegen die Person Kohl. Der amtierende Kanzler wird als rückständig bezeichnet. Die SPD macht Werbung für sich selbst, indem sie Kohls Körpermaße und sein Dienstalter gegen ihn verwenden: Kohl wird unter anderem mit einem Elefanten und einem Dinosaurier verglichen.[271]

Weitere Werbe-Gags der SPD sind auf alt getrimmte Filmplakate – Hauptdarsteller ist dabei immer der damalige Kanzler. Außerdem werden Großflächenplakate mit dem legendären Trapattoni-Spruch *„Ich habe fertig"* unter einem Porträt des Kanzlers publiziert.

Daneben betreibt die SPD zusätzlich eine Themen-Kampagne, die politische Inhalte anreißt: Familien- und Bildungspolitik, sowie Gesundheits- und Rentenpolitik stehen dabei im Mittelpunkt. Die Partei weiß, dass sie mit dem klassischen Lagerwahlkampf keine Stimme mehr gewinnen kann; sie setzt deshalb auf den *„Wechsel"* statt auf die *„Wende"* und verspricht, *„nicht alles anders, sondern Vieles besser zu machen"*.

Zusätzlich wird der Wahlkampf von den Sozialdemokraten selbst zum Wahlkampfthema gemacht. Die Kampa wird dabei zum Thema Nummer Eins in der Medienberichterstattung – ein Novum in Deutschland, vorgemacht von Bill Clinton in den USA und Tony Blair in Großbritannien.

Die Kampagne ist durchorganisiert vom ersten bis zum letzten Tag des Wahlkampfes. Schröder, geschickt im Umgang mit den Journalisten, scheint wie geschaffen

---

[269] Holtz-Bacha, Christina, Bundestagswahlkampf 1998 – Modernisierung und Professionalisierung, in: Holtz-Bacha, Christina, Wahlkampf in den Medien – Wahlkampf mit den Medien. Ein Reader zum Wahljahr 1998, durchgesehener Nachdruck, Wiesbaden 2000, S. 9-23, S. 9.
[270] Aussage des Büroleiters des Bundesgeschäftsführers der SPD, Herrn Lutz Meyer, anlässlich des persönlichen Interviews am 25. April 2002 in Berlin.
[271] Zum einen veröffentlichte die SPD ein Plakat, das einen badenden Elefanten zeigte – darunter stand der Text *„Schöne Urlaubsgrüße vom Wolfgangsee"*, zum anderen publizierten die Sozialdemokraten ein Plakat, mit einem Dinosaurier und dem Text *„Schon Größere mussten gehen, weil sich die äußeren Umstände geändert hatten, Herr Kohl"*.

für das visuelle Medium Fernsehen - telegen, jung und unverbraucht im Verhältnis zum amtierenden Kanzler:

> „So müde kann Gerhard Schröder gar nicht sein, dass ein rotes Lämpchen auf einer Kamera ihn nicht hellwach machen würde: gleichzeitig hochkonzentriert und entspannt."[272]

Jedes Interview, jedes Statement, jeder Fernsehauftritt des SPD-Kanzlerkandidaten ist im Voraus geplant – spontane Äußerungen Schröders gibt es, ähnlich wie in den USA, zu keiner Zeit. Auf Fotos ist der Kanzler in spe häufig mit seiner Frau Doris abgelichtet; stets darauf bedacht, auch das persönliche Umfeld in den Vordergrund der Kampagne zu rücken.

Zusätzlich gelingt es dem SPD-Wahlkampfstab Schröder als „Mann aus dem Volk" darzustellen. Die *Bild-Zeitung* hat daran mit ihrer positiven Berichterstattung über den SPD-Kanzlerkandidaten Anteil. Immer wieder wird Schröder als fleißiger, geradeheraus agierender, ehrlicher, zupackender und verlässlicher Mensch geschildert.[273]

Die SPD kann, vor dem Hintergrund des Wechselwunsches, einen nicht ideologisch wirkenden Kanzlerkandidaten präsentieren. Zusätzlicher Vorteil dabei ist die Erscheinung Schröders – er wirkt jünger und moderner als Helmut Kohl und passt zu dem von seiner Partei erzeugten Bild, bei der Bundestagswahl 1998 gehe es darum, Altes und Überholtes abzulösen.[274]

4.1.2 Helmut Kohl als Sinnbild der CDU

Als alt und überholt gilt Helmut Kohl nicht nur bei der SPD, sondern auch bei zahlreichen Wählern. Dennoch meldet der damalige Bundeskanzler im Frühjahr 1997 ohne weitere Rücksprache mit Wolfgang Schäuble oder anderen Parteikollegen in einem Fernsehinterview seine erneute Kanzlerkandidatur an. Mit dieser Bekanntgabe macht Helmut Kohl sämtlichen Diskussionen um die Kandidatenfrage in der CDU/CSU ein Ende. Im Vorfeld der Bundestagswahl 1998 war durchaus erörtert worden, ob Helmut Kohl noch einmal als Spitzenkandidat der Partei antreten solle.

---

[272] Riehl-Heyse, Herbert, Der Kumpel Kanzlerkandidat. Gerhard Schröder wird einen Medienwahlkampf führen, doch ist er hierzulande damit nicht der Erste, in: Süddeutsche Zeitung, 11. März 1998, S. 4.
[273] Vgl. Rettich, Markus und Roland Schatz, Amerikanisierung oder Die Macht der Themen, Bonn 1998, S. 12.
[274] Vgl. Gibowski, Wolfgang G., Wer wählte wen – und warum?, in: Oberreuter, Heinrich (Hrsg.), Umbruch '98. Wähler, Parteien, Kommunikation, München 2001, S. 95-121, 108-109.

Bei den Christdemokraten stößt die Entscheidung Kohls auf Zustimmung, denn nur den „Kanzler der Einheit" halten seine Parteikollegen für erfahren genug, eine Umkehrung der schlechten Umfrageergebnisse in der Bevölkerung herbeizuführen, nur ihm wird die Wende zum Wahlerfolg und die „Entzauberung des Oppositionskandidaten" zugetraut.[275]

Doch mit der Hoffnung, die in den damaligen Kanzler gesetzt wird, liegt die CDU von Anfang an falsch. Der Politikwissenschaftler Gerd Langguth sieht dafür mehrere Gründe:

> „Die Regierung hatte sich zerschlissen, häufig hinausgeschobene Versprechen zur Lösung von Problemen führten zu einem defensiven Wahlkampf und zu einer unklaren Wahlkampfstrategie, begleitet von spezifischen Fehlentscheidungen Kohls hinsichtlich der Wahlkampfführung."[276]

Demnach geht Kohl auf wichtige Ratschläge seines Wahlkampfteams nicht ein, orientiert sich weder an den Ergebnissen der Demoskopie noch am Willen der Wähler. Vor allem aber mischt er sich immer wieder in die Wahlkampfplanung ein, was auf seinen Willen hin, zu einem ständigen Wechsel in der Wahlkampftaktik führt.[277]

Zusätzlich wird die CDU im Wahlkampf nicht müde, Kohls Image des international anerkannten und erfahrenen Staatsmannes hervorzuheben. Die Konzentration auf seine vergangenen politischen Erfolge und die Betonung seiner Stärken münden in dem Slogan „*Weltklasse für Deutschland*".

Die Kampagne präsentiert Kohl als Politiker, auf dessen sichere Führung sich die deutschen Wähler auch in Zukunft verlassen können. Vor allem auf Plakaten müht sich die CDU den damaligen Bundeskanzler als Synonym für Geborgenheit und Stabilität zu präsentieren – der Slogan „Sicherheit statt Risiko" unterstreicht diese Absicht.

Doch die Umfragewerte für Kohl sehen nicht gut aus. Ein Jahr vor der Wahl wird der Unions-Kandidat von den bundesdeutschen Wählern schlechter bewertet als die eigene Partei. Diese Einschätzung bleibt bis zum Wahlsonntag, dem 27. September 1998 bestehen, allerdings kann die CDU mit ihrem Kanzlerkandidaten bei der Sympathiebewertung Boden gut machen.[278]

---

[275] Niclauß, Karlheinz, Koalitionen und Kandidaten: Rückblick und Wahleinschätzung 2002, in: Aus Politik und Zeitgeschichte, B 21/2002, S. 32-38, S. 35.

[276] Langguth, Gerd, Das Innenleben der Macht. Krise und Zukunft der CDU, Berlin 2001, S. 145-146.

[277] Langguth, Das Innenleben der Macht, S. 146-147.

[278] Vgl. Gabriel, Oskar W. und Frank Brettschneider, Die Bundestagswahl 1998. Ein Plebiszit gegen Kohl ?, in: Aus Politik und Zeitgeschichte, B 52/1998, S. 20-32, S. 28.

Kohl, der in seiner 16-jährigen Amtszeit nicht immer das beste Verhältnis zu den Medien unterhielt, scheint der ausgerufene Medienwahlkampf nicht zu liegen. Und auch auf die „Werbefeldzüge" der SPD-Wahlkampfzentrale findet das Wahlkampfteam der Christdemokraten keine im erforderlichen Maße passende Antwort.

Vor allem die Voranstellung der Person Kohls und die Berufung auf seine politische Vergangenheit wirken altmodisch gegen die ausgeklügelten Strategien der SPD. So verfehlt auch ein Kinospot, der Helmut Kohl als Mann der Vergangenheit darstellt, seine Wirkung nicht:

> *Ein Raumschiff fliegt durchs All. Seine Mission scheint klar– es soll die Erde retten. Eine Frauenstimme setzt ein:* „Unten sieht es gar nicht gut aus." *Daraufhin der Kapitän:* "Wir dürfen keine Zeit verlieren. Der Hilfstrupp muss runtergebeamt werden." *Der Zuschauer sieht vier Raumanzüge, hört das Kommando* „Klarmachen zum Beamen", *aber die Energie scheint nicht für alle zu reichen. Einer wird nicht gebeamt. Es ist Helmut Kohl. Resigniert zieht er seinen Helm ab und steht einfach in der Gegend herum. Dann kommt eine Stimme aus dem Off:* „Die Zukunft. Nicht jeder ist dafür geschaffen."[279]

Die SPD bringt die mehrheitliche Stimmung der Bevölkerung mit ihrem Kinowahlspot auf den Punkt. Denn im Rahmen einer Umfrage des Forschungsinstituts *Infratest dimap*, geben 80 Prozent der befragten Bundesbürger an, sie trauten dem SPD-Kanzlerkandidaten eher als Kohl zu, in der Politik neue Wege zu gehen.[280]

Dieses Grundgefühl nach einem Wechsel in der politischen Führung schürt die SPD im gesamten Wahljahr. Dabei ist die Zielscheibe des oftmals aggressiven Personenwahlkampfes immer wieder Helmut Kohl. Der Slogan *„Vielen Dank Helmut. 16 Jahre sind genug."* drückt griffig aus, was viele Bundesbürger denken – Helmut Kohl hat seine Verdienste, jetzt jedoch soll die politische Bühne für einen jüngeren Nachfolger geräumt werden.

---

[279] Zudeick, Peter, Wenn große Tiere untergehen, in: Deutsches Allgemeines Sonntagsblatt, 14. August 1998, S. 2.
[280] Vgl. Brunner, Wolfram und Dieter Walz, Die politische Stimmungslage im Vorfeld der Bundestagswahl 1998, in: Pickel, Gert, Walz, Dieter und Wolfram Brunner (Hrsg.), Deutschland nach den Wahlen. Befunde zur Bundestagswahl 1998 und zur Zukunft des deutschen Parteiensystems, Opladen 2000, S. 31-56, S. 45-46.

4.2 Die Wahlkampfzentralen der Parteien

4.2.1 Die Kampa

Erstmals eine Abwahl des amtierenden Kanzlers herbeizuführen erklärt die Kampa im Bundestagswahlkampf 1998 zum unwiderruflichen Ziel. Um aus dem Wahlkampf als Sieger hervorzugehen macht sie sich amerikanische Wahlkampftaktiken zum Vorbild.

In den Vorbereitungen zur Wahlkampfschlacht wollen sich die Sozialdemokraten nicht wie in den Jahren zuvor auf Zufälle oder Wahlgeschenke von CDU/CSU oder F.D.P. in Form von politischen Querelen oder Skandalen verlassen, sondern aus eigener Kraft heraus zur Regierungspartei gewählt werden.

Dazu wird bereits 1996 ein politischer Neuanfang in der SPD eingeleitet. Die Geschlossenheit der Partei soll wiederhergestellt und ihr Präsidium wieder zum zentralen Koordinations- und Entscheidungsgremium werden. Gegenüber der politischen Konkurrenz und im Bild der Öffentlichkeit wollen die Genossen wieder zu einem entscheidenden Machtfaktor werden.[281]

Lange im Vorfeld der Wahlen werden Meinungsforschungsinstitute damit beauftragt, ein Stimmungsbild der Bevölkerung zu zeichnen. Durch eine aufwendige Panel-Analyse wird – ähnlich wie in den USA - ein sogenanntes *„firehouse-research"*, eine „Feuerwehr-Forschung", angekurbelt, wonach die empirische Sozialforschung das Wahlgeschehen von Anfang an verfolgt, damit die Wahlkämpfer schnell auf Stimmungsumschwünge reagieren können.[282]

Früh erkennen die Sozialdemokraten, dass sie ihre Wahlkampfführung professioneller gestalten müssen als die Wahlkämpfe zuvor:

> „Wenn man mit den eigenen Botschaften und Bildern in die Medien kommen will, ist hohe Professionalität notwendig. Deshalb haben wir für die Bereiche klassische Werbung, Internetauftritt, Veranstaltungsmarketing, Mediaplanung, Mediaanalyse und Forschung spezielle Institute und Agenturen engagiert, um die Kommunikation optimal zu organisieren."[283]

---

[281] Vgl. Machnig, Die Kampa als SPD-Wahlkampfzentrale der Bundestagswahl `98, S. 21.
[282] Vgl. Noelle-Neumann, Elisabeth, Kepplinger, Hans Mathias und Wolfgang Donsbach (Hrsg.), Kampa. Meinungsklima und Medienwirkung im Bundestagswahlkampf 1998, 2. Auflage, München 2000, S. 8.
[283] SPD (Hrsg.), Bericht Abteilung V. Kommunikation und Wahlen. Mehrheit `98: Die Bundestagswahlkampagne der SPD, Bonn 1998, S. 1.

Erstmals in der Geschichte der Sozialdemokratie lagert die SPD ihre Wahlkampfzentrale aus; 200 Meter neben dem Erich-Ollenhauer-Haus errichten die Sozialdemokraten ein Bürogebäude, in dem die Kampa untergebracht wird. In der Wahlkampfzentrale, die somit nach dem Vorbild der amerikanischen „War Rooms", räumlich und organisatorisch getrennt von der Parteizentrale agieren kann, will die SPD ihre Kräfte bündeln und sich auf die „Wahlschlacht" gegen Helmut Kohl und die CDU vorbereiten.

Insgesamt arbeiten rund 1000 SPD-Mitarbeiter – 70 direkt bei der Kampa, 200 im Ollenhauer-Haus und etwa 800 hauptamtliche Mitarbeiter der Partei bundesweit - am Ziel des Wahlsieges der SPD 1998 mit – darunter Fachleute aus Bund und Ländern, Wissenschaft und Medien.[284] Die Leitung untersteht dem Bundesgeschäftsführer Franz Müntefering, die Gesamtkoordination seinem damaligen Büroleiter Matthias Machnig.

Außerdem arbeiten für die SPD-Parteizentrale auch Werbefachleute der Agentur KNSK, BBDO Hamburg und Journalisten. An der Kampagnenplanung selbst ist der SPD-Kanzlerkandidat Gerhard Schröder nicht beteiligt, stattdessen delegiert der niedersächsische Ministerpräsident die Arbeit an seine persönlichen Vertrauten Bodo Hombach und Uwe-Karsten Heye.[285]

Um Strategien vom Wahlkampfstab Bill Clintons zu beleuchten, reist der SPD-Wahlkampfchef Franz Müntefering in die USA. Auch Großbritannien und Schweden sind Reiseziele, um sich Wahlkampfstrategien aus erster Hand erklären zu lassen. Unter anderem gibt es Gespräche mit dem Wahlkampfleiter von Bill Clinton, Dick Morris und den Clinton-Beratern Hank Sheinkopf, Doug Schoen und dem Blair-Freund Peter Mandelsohn, aus denen vor allem hervorgeht, dass es nicht nur auf ein inhaltlich gutes Wahlprogramm ankommt, sondern auch auf eine Personalisierungsstrategie, die in den Mittelpunkt der Wahlkampagne rücken sollte.[286]

Bereits Anfang 1997 startet die SPD die Wahlkampagne für die Bundestagswahl. Mit dem frühzeitigen Beginn der Kampagne erhoffen sich die Sozialdemokraten mehr Aufmerksamkeit in der Bevölkerung. Mit einem späteren Kampagnenstart würden die Wähler mit einer Vielzahl von Plakaten, Anzeigen und Materialien der Parteien bombardiert, hieß es, jetzt habe die SPD das Feld noch für sich allein.[287]

---

[284] Vgl. Noelle-Neumann, Kampa, S. 18-19.
[285] Vgl. Müller, Marion G., Eine qualitative Produktionsanalyse politischer Werbung. Parteienwerbung im Bundestagswahlkampf 1998, in: Media Perspektiven, Nr. 5/1999, S. 251-261, S. 252-253.
[286] Vgl. Schumacher, Eine Schlacht um Gefühle, S. 95.
[287] Vgl. SPD, Bericht Abteilung V, S. 2.

4.2.2 Die Arena

Der Wahlkampfchef der CDU, Generalsekretär Peter Hintze, lässt sich von den Aktivitäten der Kampa zunächst nicht beeindrucken. Die Auslagerung der Wahlkampfzentrale sei eine „Effizienzminimierung" – das amerikanische Modell der Wahlkampfmaschine tauge nicht als Vorbild, weil es in den USA keine politisch arbeitenden Parteien nach europäischem Muster gebe. Dementsprechend wird eine Auslagerung der eigenen Wahlkampfzentrale Arena im Wahlkampf 1998 nicht angestrebt.[288]

Und auch der damalige Bundeskanzler Helmut Kohl lässt sich nicht beirren – weder von den von der Kampa geschalteten Anzeigen und Plakaten mit dem Motto *„Wir wünschen dem Bundeskanzler einen schönen Urlaub am Wolfgangsee. 365 Tage im Jahr.*" noch von der *„Corporate Identity"* Schröders – der Einheit von Botschaft und Auftreten unter „Vermeidung jeglicher Störfaktoren, die das inszenierte Bild vom präsidialen Kandidaten hätte stören können."[289]

Doch die Arena scheint im Bundestagswahlkampf 1998 das genaue Gegenteil der Kampa zu sein. Da die Parteizentrale der CDU anders als die der SPD nicht von der Parteizentrale ausgelagert wird, gibt es im Grunde zwei Orte, an denen die Organisation und Koordination des Wahlkampfes abläuft.

Als Wahlkampfzentrale dient, wie schon vier Jahre zuvor, die Bundesgeschäftsstelle mit dem Wahlkampfmanager Peter Hintze an der Spitze. Dieser jedoch teilt seine Zuständigkeit mit Kanzleramtschef Dieter Bohl, Staatsminister Anton Pfeiffer und Kommunikationschef Andreas Fritzenkötter, also den Beratern Helmut Kohls aus dem Bundeskanzleramt.

Sowohl dort als auch im Rahmen regelmäßiger Treffen der „Arbeitsgruppe Wahlkampf" dürften die wichtigsten Wahlkampfentscheidungen der CDU gefallen sein:

> „Von der Struktur her war das ein Punkt, durch den man im Hintertreffen gegenüber einer Kampa war, bei der damals alle Fäden sehr straff zusammen liefen."[290]

Doch nicht nur die fehlende Struktur, auch der verspätete Beginn des CDU-Wahlkampfes lässt die christliche Partei hinter den Kampagnen der SPD zurückbleiben. Nicht rechtzeitig genug wird der Wahlkampf der Christdemokraten „als integraler Be-

---

[288] Vgl. Gräf, Peter, Abriss vorgesehen. Die SPD setzt im Wahlkampf auf ein neues Konzept – eine Schaltzentrale nach amerikanischem Vorbild, in: Wirtschaftswoche, 9. Oktober 1997, S. 39-41, S. 39.
[289] Vgl. Schumacher, Eine Schlacht um Gefühle, S. 93.

standteil einer mehrjährig angelegten politischen und kommunikativen Strategie geplant".[291]

Die Gesamtkonstellation der Arena `98 erinnert an verkrustete Strukturen statt an moderne Elemente. In der 98er-Kampagne wird – wohl frei nach dem Motto „Keine Experimente" - auf Altbewährtes gesetzt; wie bereits im Wahlkampf 1994 spielen lediglich drei Schlagworte als Fixpunkte eine Rolle – „Aufschwung", „Kohl" und „Lagerwahlkampf".[292]

Ein weiteres Problem der Christdemokraten im Wahlkampf ist die Wechselstimmung in der Bevölkerung. 80 Prozent der Bevölkerung sind mit der Arbeit der Bundesregierung unzufrieden. Selbst ehemalige Stammwähler der CDU wenden sich von ihrer Partei ab. Das Image Helmut Kohls, an dem der Wahlkampf der CDU ausgerichtet ist, sinkt in den Umfragewerten.[293]

Das Themenmanagement der Arena gestaltet sich ebenfalls als schwierig, denn das Thema Arbeitslosigkeit, was 90 Prozent der Bevölkerung als dringendste politische Herausforderung ansehen, rückt die Partei in kein gutes Licht. Anfang des Jahres 1998 ist die Zahl der Arbeitsuchenden so hoch wie nie zuvor in der Bundesrepublik.[294] Dennoch kann die Wahlkampfzentrale dieses Thema im Wahlkampf nicht umgehen.

Neben inhaltlichen Schwierigkeiten hat die Arena auch mit dem neuen Wahlkampfstil der Konkurrenz zu kämpfen. Der Wahlkampfzentrale der CDU fehlen im Bundestagswahljahr 1998 „neue Elemente, Methodiken und Modernität", so die Einschätzung des CDU-Wahlkampfexperten Oliver Röseler.

Allein die Strategie der SPD, durch auffallende Werbung eine „Metakommunikation" in der Öffentlichkeit zu erreichen, nämlich die Berichterstattung über die Wahlkampfzentrale und ihre amerikanischen Methoden an sich, habe den Wahlkampf der CDU als „langweilig und nicht diskussionswürdig erscheinen lassen".[295]

Verwunderlich hierbei ist, dass die Kampagnenorganisation der CDU ebenso professionell wie die der SPD ist. Denn im Konrad-Adenauer-Haus gibt es, wie in der

---

[290] Aussage des CDU/CSU-Wahlkampfstrategen Oliver Röseler anlässlich des persönlichen Interviews am 25. April 2002 in Berlin.

[291] Preschle, Klaus, Trotz Erfolgs gescheitert. Die Strategie der CDU, in: Oberreuter, Heinrich (Hrsg.), Umbruch `98. Wähler, Parteien, Kommunikation, München 2000, S. 29-46, S. 29.

[292] Vgl. The Political Consulting Group, Zwischen Wahnsinn und Methode: Einige Anmerkungen zum Wahlkampf von CDU und SPD bei der Bundestagswahl 1998, in: Pickel, Gert, Walz, Dieter und Wolfram Brunner (Hrsg.), Deutschland nach den Wahlen. Befunde zur Bundestagswahl 1998 und zur Zukunft des deutschen Parteiensystems, S. 57-78, S. 59.

[293] Vgl. Brunner, Die politische Stimmungslage, S. 45-46.

[294] Vgl. Brunner, Die politische Stimmungslage, S. 36.

[295] Aussage des CDU/CSU-Wahlkampfstrategen Oliver Röseler anlässlich des persönlichen Interviews am 25. April 2002 in Berlin.

Kampa, die Abteilungen Werbung, Event- und Themenmanagement, Gegnerbeobachtung, Meinungsforschung, Medienbetreuung, und Internetaktivitäten. Auch Journalisten, Meinungsforscher, Medienberater und Agenturen arbeiten in der Arena mit.

Allerdings – eine klare Linie in der Durchführung und Umsetzung der Kampagne ist nicht zu erkennen. Der Arena fehlt 1998 ein Merkmal, das die SPD mit ihrer Wahlkampfzentrale vorweisen kann – Professionalität und Innovation. Nicht zuletzt ist dieses Manko wohl Helmut Kohl zuzuschreiben, dem es, wie bereits erwähnt, nicht gelang eine Wahlstrategie stringent durchzuhalten.[296]

4.3 Zusammenfassung

Durch die Bundestagswahl 1998 wurde erstmals in der Geschichte der Bundesrepublik eine amtierende Bundesregierung abgewählt. Dafür gibt es mehrere Gründe. Zum einen scheint klar, dass die Wechselstimmung bei den Wählern in Deutschland extrem hoch ist – 16 Jahre Kohl scheinen selbst für Stammwähler der Christdemokraten ein Grund für die Abwahl der CDU zu sein.

Zum anderen hat sich die Kompetenz in der Wahlkampfführung umgekehrt. Die SPD setzt konsequent eine stringente und professionelle Wahlkampagne durch, für die es bis zum damaligen Zeitpunkt kein Vorbild in Deutschland gab. Anlehnend an amerikanische und britische Muster kommt es zu einem stark professionalisierten und personengeprägten Wahlkampf.

Nach einer zugunsten seiner Person ausgefallenen Kandidatenentscheidung der SPD steht Gerhard Schröder im Rampenlicht des sozialdemokratischen Wahlkampfes. Er wolle *„nicht alles anders, aber Vieles besser machen"*, so seine Parole. Und das gelingt ihm bereits vor den Wahlen, durch die Anwendung ausgeklügelter Wahlkampfstrategien.

Während des Parteitags in Leipzig, den zahlreiche Journalisten auch die „Krönungsmesse" für Gerhard Schröder nennen, präsentiert sich der SPD-Kanzlerkandidat siegessicher. Mit strahlendem Lächeln, hoch erhobenen Händen und dem Victory-Zeichen zeigt der niedersächsische Ministerpräsident vor allem seinen Parteigenossen und Dutzenden Kamerateams: *„Ich bin der Mann, der die Ära Kohl beenden wird!"*.

---

[296] Vgl. Langguth, Das Innenleben der Macht, S. 147.

Gerhard Schröder nutzt, dass er ein starkes Pendant zu Helmut Kohl bildet. Er ist geschickt im Umgang mit den Medien, stützt sich im Wahlkampf auf ein kompetentes Kampagnenteam und setzt auf Themen, die den Menschen in Deutschland auf den Nägeln brennen.

So besetzen Schröder und seine Partei erfolgreich den Begriff der „Neuen Mitte". Die SPD betreibt eine Themen-Kampagne, in der politische Inhalte wie Familien-, Bildungs-, Gesundheits- und Rentenpolitik angerissen werden. Die Partei weiß, dass sie durch ein erhöhtes Wechselwählerpotential mit dem klassischen Lagerwahlkampf keine Stimme mehr gewinnen kann; sie setzt deshalb auf den „Wechsel" statt auf die „Wende". Für die Christdemokraten sind die Statements der SPD zu den angeschnittenen Themen so diffus, dass diese kaum eine Angriffsfläche bieten.

Ein erfolgreiches Themensetting scheint der CDU nicht zu gelingen. Anfang des Jahres 1998 ist die Arbeitslosenzahl so hoch wie noch nie zuvor in der Bundesrepublik. Das wird der bestehenden Regierung angelastet. 90 Prozent der Bevölkerung sehen die Arbeitslosigkeit als dringendste politische Herausforderung – das rückt die Christdemokraten in kein gutes Licht.

Durch ausgeklügelte PR-Strategien und mit namhaften Agenturen im Rücken gelingt es Schröder und seiner Partei, einen äußerst harten Angriffswahlkampf gegen Helmut Kohl zu führen. Dieser jedoch setzt weiterhin auf altbewährte Wahlkampfmuster, die er bis ins kleinste Detail dirigiert, zudem ändert er seine Wahlkampfstrategie ständig.

Zwar verfügen auch die Christdemokraten über eine Wahlkampfzentrale - die Arena - diese jedoch teilt ihre Zuständigkeiten mit dem Bundeskanzleramt und den Beratern Helmut Kohls. Zunehmend kommt es daher zu strategischen Fehlplanungen, obwohl die Arena ähnlich professionell wie die Kampa strukturiert ist.

Der Wahlkampf der CDU wird schlichtweg als langweilig bezeichnet. Selbst aus den eigenen Reihen wird er im Nachhinein als nicht diskussionswürdig abgestempelt. Im Gegensatz zu dem der SPD, denn durch die herausragenden Leistungen der Kampa kommt es nicht nur zu einer Berichterstattung über den Wahlkampf, sondern zu einer sogenannten Metakommunikation. Diese zeichnet sich durch eine erhöhte Berichterstattung über die Kampa selbst und ihre Strategien aus.

Der Bundestagswahlkampf 1998 kann generell als ein Aufbruch in ein neues Zeitalter gesehen werden. Denn nie zuvor gab es Professionalisierung, Personalisierung und Mediatisierung in Deutschland in dem Maße, indem es sie 1998 gab. Und noch nie wurde ein Wahlkampf dermaßen angelehnt an amerikanische Muster geführt.

5. Die Zukunft des Wahlkampfes in Deutschland

5.1 Der Medienwahlkampf 2002

5.1.1 Fortschreitende Amerikanisierung

Wie im vorangegangenen Kapitel bereits erläutert, zeichnete sich schon 1998 ein zunehmender Trend der Amerikanisierung im bundesdeutschen Wahlkampf ab. Sowohl die SPD mit ihrem Kanzlerkandidaten Gerhard Schröder als auch die CDU/CSU mit Helmut Kohl an der Spitze, nahmen sich amerikanische Wahlkampfmacher und ihre Strategien als Beispiel. Zusätzlich dienten der britische Premierminister Tony Blair und der ehemalige US-Präsident Bill Clinton als Vorbilder für den eigenen Wahlkampfstil.

Auch im Bundestagswahljahr 2002 ist die Debatte über eine zunehmende Amerikanisierung des Wahlkampfes wieder vollends entfacht. Experten streiten über die Existenz von Professionalisierung, Personalisierung und Mediatisierung im Wahlkampf. Dabei werden von den USA adaptierte Trends keinesfalls zurückgewiesen, die Intensität allerdings unterschiedlich bewertet.

Für den Wahlkampfstrategen Peter Radunski ist der Terminus Amerikanisierung aus heutiger Sicht generell ein Synonym für eine Modernisierung des Wahlkampfes. Dabei würden Kampagnen einzig und allein einer Medienlogik folgen, die politische Sachverhalte immer weiter in den Hintergrund dränge. Das wiederum führe dazu, dass eine erhöhte Präsenz der Kandidaten in Unterhaltungs- und Talkshows zu verzeichnen sei.

Radunski sieht in den Kampagnen zum Bundestagswahlkampf 2002 jedoch nur eine partielle Tendenz zur Amerikanisierung. Eine deutliche Professionalität sei in der Wahlkampfplanung der Parteien keinesfalls von der Hand zu weisen; allerdings sei der Einsatz von politischen Beratern und *„spin-doctors"* dabei noch lange nicht so ausgereift wie in den Vereinigten Staaten.[297]

Trotzdem entsteht der Eindruck, das mit höchster Einsatzbereitschaft an einer Professionalisierung in den Wahlkampfzentralen gearbeitet wird. Sowohl das „Kompe-

---

[297] Aussage des Wahlkampfstrategen Peter Radunski anlässlich des persönlichen Interviews am 25. April 2002 in Berlin.

tenzteam Stoiber", als auch die Kampa 02, holen sich während der Durchführung ihrer Kampagnen immer wieder Hilfe von professionellen Wahlkampfberatern aus den USA.

Zusätzlich werden deutlich mehr Agenturen mit der „Vermarktung des Kandidaten" beauftragt als in den Wahlkämpfen zuvor. Dabei arbeitet jede der Agenturen für einen speziellen Teil der Kampagne. Die Münchner Agentur *Serviceplan* beispielsweise ist für den „Imagewechsel" Stoibers verantwortlich. Von ihr stammt auch der Slogan „*Kantig. Echt. Erfolgreich*".[298]

Außerdem sollen die Wahlkampfzentralen selbst bei den Parteien für neue Impulse sorgen. Dabei sind sowohl die christdemokratische Arena, als auch die sozialdemokratische Kampa im Bundestagswahlkampf 2002 nach dem Schema der amerikanischen *War Rooms* eingerichtet – besonders die Arena hat an Professionalität im Gegensatz zu 1998 deutlich gewonnen.

> „Wenn man allein die Größe der Werbeagentur sieht, die wir jetzt im Gegensatz zu 1998 haben – da wird das [die zunehmende Professionalisierung, Anmerkung der Verfasserin] deutlich. In diesem Wahlkampf zum Beispiel sitzen Leute der Agentur McCann-Erickson mit in der Parteizentrale – so kann man enger und besser zusammenarbeiten. Auch was die Zusammenarbeit mit externen Partnern angeht, was die Demoskopie angeht, was die Definition strategischer Ziele angeht – da ist schon ein Quantensprung geschehen."[299]

Aufgrund der zunehmenden Professionalisierung bei allen Parteien wird geschätzt, dass der Bundestagswahlkampf 2002 70 Millionen Euro allein für Plakate, Internetpräsenzen, politische Werbung und Marketinggags verschlingen wird.[300] Grund hierfür ist die umfassende Vermarktung von Partei, Programm und Person:

> „Noch im letzten Bundestagswahlkampf setzten die Parteien – abgesehen von der SPD – auf jahrzehnte alte Rezepte. [...] Vorbei. Wie ein Hochglanzprodukt wollen sich nun die Parteien inszenieren."[301]

Die Parteien bedienen sich dazu immer neuer Mittel – Internetschlachten oder „bonbonbunte durchinszenierte Parteitage" werden als „Krönungsmessen für ihre Spit-

---

[298] Vgl. Hornig, Frank, Täglich ein Tabubruch, in: Der Spiegel Online, 15. Juni 2002, unter: http://www.spiegel.de/spiegel/0,1518,202077,00.html.

[299] Aussage des Wahlkampfstrategen Peter Radunski anlässlich des persönlichen Interviews am 25. April 2002 in Berlin.

[300] Anteilig wollen CDU/CSU nach eigenen Angaben 2002 allein 25,1 Millionen Euro in ihre Kampagne investieren. Die SPD wird laut Beschluss des Parteivorstandes 25,3 Millionen Euro für den Bundestagswahlkampf ausgeben.

[301] Hornig, Täglich ein Tabubruch, Online Ausgabe.

zenkandidaten" abgehalten.[302] Allerdings seien den Wahlkampfmachern in Deutschland auch im Jahre 2002 bezüglich des Kopierens amerikanischer Wahlkampfstrategien Grenzen gesetzt, so Radunski.

Grund dafür sei dabei der finanzielle Rahmen, in dem die deutschen Parteien sich bewegen. Anders als in den USA stünde den Wahlkampfteams im deutschen Bundestagswahlkampf ein vergleichsweise kleines Budget für die Kampagnen zur Verfügung, was dazu führe, dass beispielsweise keine massiven und ausführlichen Brief- und Telefonkampagnen geschaltet werden könnten. Auch die TV-Spots hierzulande sind nicht so zahlreich wie die in den Vereinigten Staaten.

Durch neue, aus den USA kopierte Trends, könnte dem Wahlkampfstrategen zufolge allerdings zumindest ein amerikanischer Einfluss und somit eine fortschreitende Amerikanisierung nicht verleugnet werden. Sowohl die von der *Bild-Zeitung* und *Bild-am-Sonntag* durchgeführten Printduelle als auch ein Schlagabtausch der Kandidaten im Fernsehen seien neue Elemente in der politischen Landschaft Deutschlands.[303]

Doch trotz der zunehmenden Professionalisierung und dem Kopieren amerikanischer Wahlkampfmethoden darf nicht vergessen werden, dass Inhalte nach wie vor mitentscheidend im Wahlkampf sind. Demnach ist der aktuelle Bundestagswahlkampf geprägt von zentralen Themen wie der „Schlusslichtdebatte", der „Steuerdiskussion" und der „hohen Arbeitslosigkeit".

5.1.2 Die Kandidaten als Zugpferde der Partei

„*Er oder ich*", mit diesen drei Worten schien Bundeskanzler Gerhard Schröder seinem Gegenkandidaten Edmund Stoiber nach der Wahl in Sachsen-Anhalt zuzurufen – „*Wahlkampfinhalte sind out*", „*Personen in*". Doch Stoiber ließ sich von dieser Parole nicht anstecken – zwar nehme er die Herausforderung gerne an, dennoch würden für ihn politische Inhalte im Wahlkampf an erster Stelle stehen.

Verwunderlich scheint diese Antwort dennoch – hatte die CSU die Aufstellung Stoibers zum Kanzlerkandidaten doch immer wieder mit dem Argument gefordert, nur er sei „dem präsidialen Amtsinhaber ebenbürtig" und somit eine Personalisierungsdebatte zwischen CDU und CSU angeheizt. Dabei wurde die Partei nicht müde immer

---

[302] Vgl. Deggerich, Wahlkampf-Macher, Online-Ausgabe.
[303] Aussage des Wahlkampfstrategen Peter Radunski anlässlich des persönlichen Interviews am 25. April 2002 in Berlin.

wieder zu betonen, dass der Wähler nur durch eine Komponente im Wahlkampf zu überzeugen sei – und das sei der Kandidat.[304]

Tatsächlich richten Kampa und Arena ihren Wahlkampf zum größten Teil auf die Kanzlerkandidaten aus. Bereits im Bundestagswahlkampf 1998 habe man bemerkt, so Oliver Röseler, Wahlkampfstratege von der CDU, dass „Personen nun mal doch besser als Inhalte zu vermarkten seien".

Allerdings dürfe hierbei nicht vergessen werden, dass die Menschen in Deutschland wesentlich parteien- und programmorientierter als in den USA seien. Eine Personalisierung in dem Grad, wie sie in den Vereinigten Staaten praktiziert werde, könne sich der Wahlkampfstab der CDU daher in Deutschland nicht vorstellen.[305]

Und auch die SPD weist, trotz Schröders Aussage „Er oder ich", einen rein auf die Person abgestellten Wahlkampf von sich:

> „Wichtig für einen erfolgreichen Wahlkampf sind die drei „P's" – Person, Programm und Partei. Wenn diese drei Komponenten nicht aufeinander abgestimmt sind, dann kann kein erfolgreicher Wahlkampf durch geführt werden. Eine Person allein kann im deutschen Wahlkampf nichts bewirken – Kandidaten brauchen ihre Partei für die organisatorische Umsetzung des Wahlkampfes, die Mitglieder als Multiplikatoren des Programms."[306]

Für den Betrachter des Bundestagswahlkampfes 2002 allerdings bietet sich ein anderes Bild. Denn vor allem die Spitzenkandidaten der drei maßgeblich am Wahlkampf beteiligten Parteien SPD, CDU/CSU und F.D.P. lassen keine Gelegenheit aus, ihre Politik auf ungewöhnlichste Art und Weise zu inszenieren.

Da fährt der Kanzlerkandidat der F.D.P., Guido Westerwelle, in Turnschuhen, auf denen das Wahlziel „18 Prozent" deutlich prangt, auf „Deutschlandtournee" mit seinem „Guidomobil", den bayrischen Ministerpräsidenten und CDU/CSU-Kanzlerkandidaten Edmund Stoiber verschlägt es biertrinkend in die Berliner Club Szene und Bundeskanzler Gerhard Schröder feiert bis tief in die Nacht mit der deutschen Nationalelf den Titel des Vize-Weltmeisters in einem Hotel in Yokohama.

Nicht zu vergessen sind die permanenten Fußballerweisheiten von Stoiber und Schröder, mit denen man ein eigens dafür angesetztes Fernsehduell durchführen könnte.

---

[304] Vgl. Delfs, Arne, Graw, Ansgar, Haselberger, Stephan und Martin Lutz, Krieg der Köpfe, in: Die Welt Online, 24. April 2002, unter: http://www.welt.de/daten/2002/04/24/0424de328111.htx..

[305] Aussage des CDU/CSU-Wahlkampfstrategen Oliver Röseler anlässlich des persönlichen Interviews am 25. April 2002 in Berlin.

[306] Aussage des SPD-Wahlkampfstrategen Lutz Meyer anlässlich des persönlichen Interviews am 25. April 2002 in Berlin.

Dabei geht es einzig und allein darum, die eigene Person und den Fußballsachverstand in den Vordergrund zu stellen, um den Wählern und ihrer sportlichen Vorliebe näher und sympathischer zu sein.

Die Begründung für dieses Verhalten liefern die Kandidaten und Wahlkampfexperten ohne langes Zögern häufig selbst – es sei die veränderte Medienlandschaft, die Wahlkampfteams und Kandidaten dazu zwinge, von allzu komplizierten politischen Sachverhalten Abstand zu nehmen und stattdessen die Komponente des „Entertainment" in die Kampagne und öffentliche Präsentation einzubinden.[307]

Die Süddeutsche Zeitung bemerkt dazu:

> „Die total personalisierte Politik: Wenn Bühnen aufgestellt werden, darf man sich nicht wundern, dass sie von Schauspielern bevölkert werden. Das mögen Medien gerne, auch wenn sie über Inhaltsleere lamentieren; denn Inhalte kann man nicht filmen."[308]

Ob nun die Medien dazu beigetragen haben, dass eine eingehendere Personalisierung im Bundestagswahlkampf 2002 zu verzeichnen ist oder ob es sich um ein Wechselspiel zwischen Medien und Politik handelt, sei dahin gestellt. Fest steht, dass bereits bei der Kandidatenauswahl die „aufgestellten Bühnen" berücksichtigt werden und demnach vorzugsweise auf medienwirksame Kandidaten zurückgegriffen wird:

> „Unsere Partei zählt 630.000 Mitglieder. Natürlich entsteht da eine intensive Diskussion um die Kandidatenaufstellung. Da wird auch viel über die Wirkung der Kandidaten in der Öffentlichkeit gesprochen. Entscheidend dabei ist, wer die größten Erfolgschancen hat. Aber wir sind eine Programmpartei. Da geht es nicht nur um die Wirkung eines Kandidaten, sondern auch darum, dass er in der Lage ist, politische Inhalte möglichst verständlich zu vermitteln."[309]

Doch besonders im Bundestagswahlkampf 2002 scheinen diese politischen Inhalte zu fehlen. Die *Süddeutsche Zeitung* betrachtet den diesjährigen Wahlkampf als „Total-Personalisierung mit einer blutleeren politischen Mitte"[310], *Die Welt* nennt die hervorgehobene Präsenz der Spitzenkandidaten im Wahlkampf schlichtweg eine „egozentrische Selbstinszenierung".[311]

---

[307] In diesem Punkt stimmen Oliver Röseler und Lutz Meyer überein.
[308] Prantl, Heribert, Der Pfau und die Politik, in: Süddeutsche Zeitung, 27. April 2002, S. 4.
[309] Aussage des CDU/CSU-Wahlkampfstrategen Oliver Röseler anlässlich des persönlichen Interviews am 25. April 2002 in Berlin.
[310] Prantl, Der Pfau und die Politik, S. 4.
[311] Vgl. Peter, Joachim, Kommt es bei Wahlen vor allem auf den Spitzenkandidaten an?, in: Die Welt Online, 5. Juni 2002, unter:
http://www.welt.de/daten/2002/06/05/0605de336196.htx?search=Personalisierung+Wahlkampf.

Der Hamburger Politikwissenschaftler Hans J. Kleinsteuber allerdings wehrt sich dagegen, dass der Bundestagswahlkampf 2002 von einer immer stärker zunehmenden Personalisierung geprägt sei. Für ihn gehe es nicht um eine ansteigende Personalisierung, sondern um eine immer stärker zunehmende Inszenierung und Visualisierung durch *Images*.

Außerdem würden Wahlkämpfe in Deutschland aus den Parteien herausgeführt, und daher seien diese auch die ersten Impulsgeber bei einem Bundestagswahlkampf. Ebenfalls bliebe zu beachten, dass nicht das Volk den Bundeskanzler wähle, sondern der Bundestag selbst. Daher sei es auch vollkommen denkbar, dass ein „Dritter" Kanzler würde, immerhin sei unser System darauf angelegt.[312]

5.1.3 Die Rolle der Kandidatenfrauen

Wird die Amerikanisierung im bundesdeutschen Wahlkampf betrachtet, so ist auch die Rolle der Kanzlergattinnen in Deutschland von zunehmender Wichtigkeit. Zwar nehmen die deutschen First Ladies verglichen mit den angehenden First Ladies in den USA eine unbedeutendere Stellung ein, dennoch wird ihr Einfluss auf den Wahlkampf ihrer Männer zunehmend größer.

Blickt man zurück, so spielten bundesdeutsche Kanzlergattinnen bisher als „Begleiterin ihres Mannes" eine Rolle und traten „höchstens für Wohltätigkeitsaktivitäten selbstständig in Erscheinung".[313] So wurde Luise Erhard als „deutsches Hausmütterchen" bezeichnet und Marie-Luise Kiesinger fasste ihre Rolle als Kanzlergattin traditionell auf, indem sie immer wieder betonte, dass Politik Sache ihres Mannes sei.[314]

Seit 1998 scheint sich das Rollenverständnis der deutschen „First Lady" allerdings gewandelt zu haben.[315] Denn die Ehefrau des derzeitigen Kanzlers Gerhard Schröder, Doris Schröder-Köpf, steht für einen „neuen Prototyp der First Lady in Europa". Zumindest die französische Presse gesteht ihr das zu. Für die Journalisten des deutschen Nachbarlandes habe „Deutschlands Charme der Stunde" nicht nur eine wesentli-

---

[312] Vgl. Kleinsteuber, Hans J., Der Medienwahlkampf 2002 bleibt „teutonisch"!, in: Tagesschau Online, 28. Juni 2002, unter:
http://www.tagesschau.de/aktuell/meldungen/0,2044,OID543198_TYP3_THE543250,00.html.
[313] Friedrich-Naumann-Stiftung, U.S. Präsidentschaftswahlen – Campaign 2000, S. 3.
[314] Vgl. Sturm, Daniel Friedrich, An der Seite der Macht, Deutschlands Kanzlergattinnen, in: Die Welt Online, 19. Januar 2002, unter:
http://www.welt.de/daten/2002/01/19/0119de308851.htx?search=First+Ladies.
[315] Als First Lady wird neben der Gattin des Bundespräsidenten in der Literatur auch die Kanzlergattin bezeichnet.

che Rolle im Wahlkampf Gerhard Schröders gespielt, sondern sei sogar am Sieg der Sozialdemokraten nicht unbeteiligt gewesen.[316]

Und auch im Wahlkampf 2002 nimmt Doris Schröder-Köpf eine zentrale Rolle ein. Die Kanzlergattin berät ihren Mann besonders in Medienfragen.[317] Als jahrelang tätige Journalistin hat sie exzellente Kenntnisse der Medienlandschaft und hervorragende Kontakte in die Redaktionen.

Als wichtigste Medienberaterin des Kanzlers hat sie als erste First Lady in der Geschichte der Bundesrepublik ein eigenes Büro im Kanzleramt. Von dort aus koordiniert sie Pressetermine, pflegt Kontakte zu Journalisten und kümmert sich um die Image-Pflege ihres Mannes.[318]

Schröder-Köpf scheint zu wissen worauf es ankommt. In enger Zusammenarbeit mit der Wahlkampfzentrale der Partei strebt sie einen Medienwahlkampf nach amerikanischem Muster an.[319] Gerade deshalb steht sie oftmals auch selbst im Mittelpunkt der Kampagne.

Doch auch die Frau des bayrischen Ministerpräsidenten Karin Stoiber rückt zunehmend ins Rampenlicht. So kündigte CSU-Generalsekretär Goppel schon im Februar 2002 an, dass die Stoiber-Familie im Wahlkampf der Union ein Rolle spielen wird. Sogar auf Plakaten soll der bayrische Anhang des Kanzlerkandidaten abgebildet werden – als Prototyp für eine heile Familienwelt.[320]

Mit den Kandidaten Schröder und Stoiber stehen gleichzeitig zwei Familienbilder zur Wahl. Daher versucht Stoiber– sei es im Rahmen von TV-Berichterstattungen, auf der eigenen Website oder in Interviews –mit der konzentrierten Darstellung seiner Familie und vor allem seiner Frau, einen Gegensatz zu Schröders familiärer Vergangenheit zu bilden. 34 Jahre glückliche Ehe stehen da gegen drei Scheidungen, eine kinderreiche Familie gegen eine Stieftochter Schröders.

Doch wo Stoiber mit seiner Familie auftrumpft, da wird auch deutlich, dass Schröder einen Trumpf mit seiner Frau in der Hand hat. Zwar wirkt auch Karin Stoiber in den Medien als durchaus bestens geeignete First Lady, allerdings erinnert sie dabei

---

[316] Vgl. ohne Verfasser, Deutschlands Charme der Stunde. Doris Schröder-Köpf repräsentiert für die Franzosen den neuen Typ der First Lady, in: Die Welt Online, 7. November 1998, unter: http://www.welt.de/daten/1998/11/07vm80885.htx?print=1.

[317] Vgl. Augstein, Jakob, Die öffentliche Ehefrau, in: Süddeutsche Zeitung, 12. April 2002, S. 3.

[318] Vgl. Hamann, Bastienne, Von Beruf Kanzler-Gattin. Doris Schröder-Köpf zwischen politischer Zurückhaltung und persönlichen Ambitionen, in: ZDF Heute Online, 17. Januar 2002, unter: http://www.heute.t-online.de/ZDFheute/arikel_drucken/1,1265,175817,00.html.

[319] Vgl. Jakobs, Hans-Jürgen, Honsell, Johannes und Oliver Das Gupta, Das Duell, in: Süddeutsche Zeitung, 25. April 2002, S. 21.

eher an die traditionelle Mutter der Nation. Schröder-Köpf hingegen steht als Synonym der modernen, emanzipierten Frau:

> „Eine zweite Doris Schröder-Köpf wird aus ihr [Karin Stoiber, Anmerkung der Verfasserin] wohl nicht: Während die Ehefrau des Kanzlers mitunter eine eigenständige Rolle spielt und auch losgelöst von ihrem Mann an die Öffentlichkeit geht, wirkt Karin Stoiber wie die logische Ergänzung, das fehlende Puzzleteil zu Edmund Stoiber. Sie sorgt für den menschelnden Faktor und jene Wärme, die der CSU-Chef nicht unbedingt auf Schritt und Tritt versprüht."[321]

Für die Medien kommt der Unterschied zwischen den Kanzlerkandidatenfrauen gelegen. Sogar ein deutscher Talkmaster ist daran interessiert, Karin Stoiber und Doris Schröder-Köpf gemeinsam in seine Sendung zu bringen. Stoiber wird davon allerdings vom Medienberater ihres Mannes abgeraten.[322] Ein Grund dafür könnte sein, dass sie in diversen Interviews betonte, wie sehr ihr eigentlich eine Kanzlerschaft ihres Mannes missfallen würde und wie wenig sie sich nach der Rolle der First Lady sehne.[323]

Ein anderer Grund könnte ihre bisher noch durchschlagende Unsicherheit im Umgang mit den Medien sein. Doch abgesehen davon, ob ein solches Duell der Kandidatenfrauen stattfinden wird oder nicht, ist klar, dass die Rolle der Kandidatenfrauen in Deutschland zunehmend wichtiger wird. Nicht umsonst fürchtet die CDU-Fraktionsvorsitzende Angela Merkel Doris Schröder-Köpf im Wahlkampf mehr als den Titelverteidiger.[324]

5.2 Zusammenfassung

Der Bundestagswahlkampf 2002 ist, ähnlich wie der Wahlkampf vier Jahre zuvor, geprägt von einer Debatte über die zunehmende Amerikanisierung bundesdeutscher

---

[320] Vgl. ohne Verfasser, Wahlkampf auf Bayrisch. Jo mei, die Familie, in: Der Spiegel Online, 21. Februar 2002, unter: http://www.spiegel.de/politik/deutschland/0,1518,183579,00.html.

[321] Lechleitner, Ulrich, Stille Wahlkämpferin. Karin Stoiber tritt jetzt auch in Talkshows auf. Eine ungewohnte Rolle, in: Die Welt Online, 25. Mai 2002, unter: http://www.welt.de/daten/2002/05/25/0525de333917.htx?search=Karin+Stoiber+Schr%F6der-K%F6pf.

[322] Vgl. ohne Verfasser, TV-Gig der Gattinnen?, in: Phoenix Online, 31. Januar 2002, unter: http://www.phoenix.de/ereig/exp/10178.

[323] Vgl. Burger Hannes, Karin Stoibers Angst vor der Härte des Wahlkampfes, in: Die Welt Online, 15. Januar 2002, unter: http://www.welt.de/daten/2002/01/15/0115fo307950.htx.

[324] Vgl. Griese, Inga, Familienbilder, in: Die Welt Online, 19. Januar 2002, unter: http://www.welt.de/daten/2002/01/19/0119de308850.htx?search=Karin+Stoiber+Schr%F6der-K%F6pf.

Kampagnen. Auffallend und neu dabei allerdings ist, dass aus den USA adaptierte Trends von Experten immer weniger zurückgewiesen werden.

Verwunderlich ist dies nicht, setzen die Parteien doch auch im Wahlkampf 2002 auf eine zusätzliche Personalisierung, Professionalisierung und Mediatisierung des Wahlkampfes. Die Wahlkampfzentralen der Parteien – vor allem die Arena – scheinen im Vergleich zu 1998 strategischer und professioneller denn je zu sein.

So suchen die Wahlkampfstrategen der Parteien ständig nach neuen, belebenden Elementen für den Wahlkampf und orientieren sich dabei an Elementen aus dem amerikanischen *Campaigning*. So gab es erstmals im Juli diesen Jahres ein Printduell zwischen Schröder und Stoiber im Haus des Axel-Springer-Verlags – zwei TV-Duelle der beiden Spitzenkandidaten werden im August folgen.

Bezeichnend für den Wahlkampf 2002 ist außerdem, dass deutlich mehr Agenturen im Vorfeld der Wahl von den Parteien engagiert sind. Diese sollen für neue Impulse und eine umfassende Vermarktung von Partei, Programm und Person sorgen. Aus dem Wahlkampf 1998 scheint vor allem die CDU gelernt zu haben. Einen professionellen Rückstand will sie in der Kampagnenführung nicht wieder spüren.

Neben der zunehmenden Professionalisierung steht auch die Personalisierung noch stärker als 1998 im Mittelpunkt der Kampagnen. Was Schröder mit der Herausforderung an seinem politischen Konkurrenten Stoiber „Er oder ich" verbalisierte, ist längst bezeichnend für den Bundestagswahlkampf 2002. Der Titelverteidiger und sein Herausforderer stehen sowohl in der Berichterstattung als auch in den Kampagnen ihrer Parteien an erster Stelle.

Dennoch spielen Inhalte im Wahlkampf nach wie vor eine Rolle. Stoiber und Schröder werden nicht müde, eine „Schlusslichtdebatte" zu führen, das Thema „Steuern" bestimmt jede Fernsehdiskussion und die „hohe Arbeitslosigkeit" gehört zu den Top-Themen des Wahlkampfes.

Der Drang zur Inszenierung ist dennoch groß. Kandidaten rücken ihre Person immer weniger durch politischen Sachverstand, sondern durch aufwendige PR-Aktionen in den Mittelpunkt. Den Grund für solch öffentliche Inszenierungen liefern die Wahlkampfteams und Kandidaten häufig selbst - die Anforderungen der immer heterogener werdenden Medienlandschaft seien dafür verantwortlich.

Die genannten Elemente lassen, so der Wahlkampfstratege Peter Radunski, eine deutliche Hinwendung zur Amerikanisierung erkennen. Für ihn stellt dieser Begriff ein Synonym für die Modernisierung des Wahlkampfes dar. Kampagnen folgten dabei ausschließlich einer Medienlogik, die politische Sachverhalte immer weiter in den Hintergrund dränge, so der Wahlkampfstratege.

Allerdings könne lediglich von einer partiellen Amerikanisierung gesprochen werden, denn der Einsatz von politischen Beratern in Deutschland und auch die Durchführung massiver und ausführlicher Brief- und Telefonkampagnen sei hierzulande noch nicht so ausgereift wie in den Vereinigten Staaten. Zusätzlich würden Fernsehspots nicht in hohem Maße wie in den USA eingesetzt.

Doch die Intensität der Amerikanisierung im bundesdeutschen Wahlkampf wird von Experten unterschiedlich bewertet. So spricht der Politikwissenschaftler Kleinsteuber weniger von einer zunehmenden Personalisierung, sondern eher von einer verstärkten Inszenierung und Visualisierung des Wahlkampfes.

An dieser Visualisierung nehmen auch zunehmend die Frauen der Kanzlerkandidaten teil. Denn als wachsender Teil der Kampagne wird ihr Einfluss auf den Wahlkampf ihrer Männer immer größer. Das beweisen Karin Stoiber und Doris Schröder-Köpf im Bundestagswahlkampf 2002.

So berät Doris Schröder-Köpf ihren Mann zu Wahlkampfzeiten in Medienfragen, außerdem pflegt sie für ihn Kontakte in die Redaktionen und koordiniert Pressetermine. Karin Stoiber hingegen gibt sich als Prototyp einer Ehefrau, für die eine heile Familienwelt an erster Stelle steht.

Schröder-Köpf und Stoiber könnten in ihren Rollen unterschiedlicher nicht sein. Die Journalistin steht für eine ehrgeizige, emanzipierte Frau – die bayrische Landesmutter verkörpert die brave „Landes- und Hausmutter", die ihrem Mann in seiner politischen Laufbahn den Rücken stärkt.

Gerade aufgrund dieses Unterschiedes ist das Medieninteresse hoch. Beide Damen werden zunehmend oft in Talk- und Unterhaltungsshows eingeladen – sei es mit oder ohne ihre Gatten. Dieser sich steigernde Drang der Darstellung von Kandidatenfrauen kann als weiterer Teil einer Personalisierungstendenz im bundesdeutschen Wahlkampf gesehen werden, die durch die Medien begünstigt wird.

Schlussbetrachtung

Campaigning kann als professionelles Wahlkampfmanagement, das unter der permanenten Anwendung von Kommunikationsstrategien und der Nutzung traditioneller Wahlkampfmittel eine Stimmenmaximierung erreichen will, charakterisiert werden.

Wichtigste Komponente sind dabei die Medien, denn an sie sind die Kommunikationsstrategien in erster Linie gerichtet, sie sind der optimale Zugang zum Wähler. Und den gilt es von der eigenen Kampagne zu überzeugen – das ist einziges Ziel einer Kampagne.

Um dieses Ziel zu erreichen werden zahlreiche ausgeklügelte ‚Schachzüge' angewandt, die auf Taktik, Logik und Strategie aufgebaut sind. Emotionalisierung, Inszenierung, Personalisierung – das sind nur einige Oberbegriffe für diese Taktiken. Dahinter steht allerdings akribische professionelle Arbeit, die bis ins kleinste Detail durchgeplant ist.

Campaigning umfasst Marketing, Unterhaltung, Psychologie. Es ist mehr als politische Werbung. Ohne seine Teildisziplinen wie *Opposition Research, Opinion Research* oder *Negative Campaigning* wäre es nur halb so viel wert.

Doch auch wenn *Campaigning* dieses komplizierte und faszinierende Netz von Konzeptionalismus und Professionalität aufweist, steht es in der Kritik. Zu kostenaufwendig sei es, zu heuchlerisch, zu uninformativ. Es habe einen zu negativen Einfluss auf die Sachpolitik in Wahlkämpfen, würde aus Politikern Schauspieler machen.

Amerikanische Wahlkampfmethoden, die Einzug in den deutschen Wahlkampf halten, werden daher mit Skepsis gesehen. Hauptbeweggrund der Kritiker ist häufig die Angst um politische Werte, die Angst politische Hintergründe würden beim Wähler keine Beachtung mehr finden, die Orientierung an Sachfragen falle im Wahlkampf der Entertainisierung zum Opfer.

Dabei handelt es sich bei einigen Komponenten amerikanischer Wahlkampfmethoden nicht um ein neues Phänomen. Bereits in den fünfziger Jahren kann durch die Konzentration auf Konrad Adenauer im Wahlkampf der CDU von einer Personalisierung im deutschen Wahlkampf gesprochen werden.

Auch die Zusammenarbeit parteilicher Wahlkampfstäbe und professioneller Agenturen trat schon in früheren Bundestagswahlkämpfen auf. Die Nutzung der Massenmedien im Wahlkampf entwickelte sich in der Bundesrepublik ähnlich schnell wie in den Vereinigten Staaten.

Neu in der Bundesrepublik allerdings ist die konzentrierte Adaption amerikanischer Wahlkampfmittel. Vor allem der Bundestagswahlkampf 1998 gilt in diesem Zusammenhang als Meilenstein, denn erstmals in der Geschichte des deutschen Wahlkampfes wird ein Medienwahlkampf geführt, der auch von den teilnehmenden Protagonisten ganz klar so genannt wird. Zudem wird seitens der SPD erstmals auf eine Wahlkampfzentrale nach amerikanischem Vorbild gesetzt, die professionell und in enger Zusammenarbeit mit Agenturen geführt wird.

Und auch der Bundestagswahlkampf 2002 beinhaltet noch mehr amerikanische Wahlkampfelemente. So werden erstmals in der deutschen Geschichte zwei Fernsehduelle zwischen den beiden Spitzenkandidaten Gerhard Schröder und Edmund Stoiber stattfinden. Zusätzlich gab es am 4. Juli 2002 bereits ein Printduell der Kontrahenten in der Zentrale des Axel-Springer-Verlages in Hamburg.

Ferner ist der aktuelle Bundestagswahlkampf geprägt von einer verstärkten Medienberichterstattung über die Frauen und Familien der Kanzlerkandidaten, von einer zunehmenden Amerikanisierung deutscher Parteitage und einer Metakommunikation in der Berichterstattung über den Wahlkampf.

Doch wie sinnvoll sind diese Elemente für den deutschen Wahlkampf? Eine Bewertung muss an dieser Stelle in zwei Richtungen gehen. Zum einen muss die Adaption amerikanischer Komponenten des *Campaigning* nicht zwangsläufig kontraproduktiv zu einem Festhalten an inhaltlichen Fragen stehen.

Denn im weitesten Sinne können amerikanische Wahlkampfmethoden als schöne Verpackung für einen substanziellen Inhalt gesehen werden. Und eine gute Verpackung hat einem guten Inhalt noch nie geschadet. Wird allerdings ein schlechtes Geschenk in Designerpapier gesteckt, so wird es beim Auspacken eine böse Überraschung geben.

Bill Clintons Wahlkampf beispielsweise war geprägt von einer schönen Verpackung. Allerdings war die Substanz, die dahinter steckte, eine klar umrissene Wirtschafts- und Arbeitsmarktpolitik, die im Wahlkampf in dem Slogan ‚*It's the economy, stupid,*' mündete.

Auch der Wahlsieg der SPD 1998 war nicht monokausal. Zwar hat die schöne Verpackung den Wahlkampfsieg der SPD mit herbeigeführt, allerdings waren Themen im Wahlkampf der SPD – wie das der Arbeitslosigkeit oder der sechzehn Jahre langen Amtszeit Kohls – ebenso ausschlaggebend für den Erfolg der Sozialdemokraten.

Auch der aktuelle Bundestagswahlkampf weist trotz der Adaption amerikanischer Elemente eine Auseinandersetzung mit Sachfragen auf. Ein Fernsehduell wird zwar auch persönliche Angriffe beinhalten, aber hauptsächlich werden die Kontrahenten Schröder und Stoiber über Inhalte diskutieren – ähnlich verhielt es sich schließlich auch beim Duell in den Printmedien. Wahlkampfduelle bringen zentrale Argumente und

Wahlkampfziele der Kandidaten gebündelt auf den Punkt. Ein direkter Vergleich zwischen den divergenten Positionen kann somit direkt vom Wähler hergestellt werden.

Die Adaption amerikanischer Wahlkampfmethoden im deutschen Bundestagswahlkampf kann aufgrund der hier dargelegten Argumente als sinnvoll verstanden werden. Schließlich wird durch sie der deutsche Wahlkampf belebt, werden Inhalte den Wählern verständlicher und einfacher vermittelt, wird Politik interessant dargestellt. Nicht eine Verdrängung politischer Inhalte findet durch Komponenten des *Campaigning* statt, sondern eine weniger abstrakte, aber modernere Vermittlung von politischen Sachfragen über Personen.

Die Gefahr einer zu großen Entertainisierung des deutschen Wahlkampfes, die Kritiker im Zuge der Amerikanisierung sehen, lauert im Kern nämlich ganz woanders, ist es doch die moderne Mediengesellschaft, welche die klassischen Mechanismen der Politik und ihrer PR verändert. Im Zuge einer immer komplexer werdenden Programmlandschaft ist es ein immer größeres Problem Adressaten überhaupt zu erreichen.

Denn die zunehmende Individualisierung der Gesellschaft und die damit einhergehende Heterogenisierung führen zu einer erschwerten Ansprache der Wähler. Dabei ist nicht mehr die ausführliche Darstellung umfassender Parteiprogramme in der Berichterstattung gefragt, sondern die Fähigkeit seitens der Politik, immer wieder eingängige, kurze 15-Sekunden-*Soundbites* für die 1:30er-Beiträge der Radio- und Fernsehsendungen zu liefern.

Trotzdem ist die darstellerische Form der Politik kein Ausverkauf ihrer Seriosität. Denn in ihr liegt die einzige Chance, eine inhaltlich stimmige Politik auch in den Medien möglichst vorteilhaft zu positionieren. Nur das Zusammenspiel von Inhalten und Ästhetik ist in der heutigen Zeit die Voraussetzung für eine erfolgreiche Kampagne. Ein Festhalten an Reklamestrategien aus früheren Bundestagswahlkämpfen wäre dem Fortschritt nicht angemessen und komplett inkompetent.

Anhang

Glossar

Agenda Setting: Besagt, dass Massenkommunikation im politischen System zur Thematisierung (*agenda setting*) sowie zur politischen Meinungs- und Willensbildung beiträgt und somit die öffentliche Meinung mitprägt. Die Tagesordnungsfunktion der Medien führt, besonders im Wahlkampf zu einer „Abhängigkeit" der Kandidaten von den Medien.

Call-in Programme: Sendeformate, in denen Politiker sich offenen und „ungefilterten" Fragen ihrer Konkurrenten und der Wähler stellen.

Canvassing: Traditionelle Straßenwahlkampftechnik des Klinkenputzens. In ausgewählten Bezirken wird an der Haustür nach der Wahlabsicht gefragt und diese dokumentiert. Die Besucher sind möglichst vorher in Gesprächssituationen geschult. Befragte, die sich als Unentschlossene identifizieren lassen werden gezielt umworben, feste Anhänger kurz zuvor und am Wahltag mobilisiert.

Chat Groups: Gruppe von mindestens zwei und theoretisch beliebig vielen Teilnehmern, die an einer Online-Kommunikation, also einer Unterhaltung im Internet, beteiligt sind.

Chat: Online-Dienst, mit dem Internetuser untereinander kommunizieren können. Die meisten *Chats* erfordern beim Einstieg eine Registrierung. Danach kann der Benutzer, der unter seinem Nickname agiert, in die offenen oder geschlossenen Bereiche des *Chats*, den *Chatrooms*, mit anderen *Chattern* plaudern.

Electronic Town Meetings: Auf kommerziellen Online-Diensten und Nachrichtenseiten stellen sich Kandidaten den Fragen der Wähler im *Chat*.

Focus Groups: Technik der qualitativen Meinungsforschung, welche die quantitative Demoskopie ergänzt. Von einem Moderator gesteuerte Diskussion über Themen und Personen mit einer Kleingruppe, die nicht repräsentativ nach genau definierten demographischen und sozialen Charakteristika ausgewählt wird. Die informelle und offene Diskussion in einer relativ homogenen Gruppe von sechs bis zehn Menschen ermöglicht es, psychologische Assoziationen und spontane Reaktionen auf unbekannte oder schwierige Themen zu erkennen. Ermittelt wird nicht nur, was sie denken, sondern wie sie denken. Wichtig für das Formulieren und Testen von Botschaften und Werbemitteln.

Free Media: Unterhaltungsshows, Sendeplätze in den Nachrichten oder Talkshows – das alles gilt als *free media*, denn Kandidaten können auf dem Weg der kostenlosen Berichterstattung „Werbung" für sich und ihr Programm machen. Dazu zählen auch Wahlkampfauftritte.

Freebees: Mitarbeiter in Wahlkampfteams, die sich um die Platzierung des Kandidaten in der *free media* kümmern. *Freebees* haben außerordentlich gute Kontakte in Redaktionen und zu Journalisten.

Gatekeeper-Funktion der Medien: Der Journalist nimmt, nach diesem Kommunikationsmodell, im übertragenen Sinne die Rolle eines Torhüters ein, der darüber entscheidet, wer oder was (bezogen auf den Nachrichtenfluss) das Tor passieren darf. Dem Internet wird als Medium diese Funktion abgesprochen, weil generell jeder Zugang zum *World Wide Web* hat und somit auch Nachrichten unkontrolliert platziert werden können.

Infotainment: Mischung aus Information und Entertainment. Konzept, das Fakten und Argumente unterhaltsam aufbereitet und vermittelt, vor allem für TV und Events.

Negative Campaigning: Taktik, die den Gegner angreift – mit oder ohne Vergleich zur eigenen Alternative. Negative Informationen über Verhalten, Positionen und Hintergrund des Gegners werden herausgestellt und immer wiederholt. Nicht belegte Attacken führen schnell zum Vorwurf, mangels Substanz mit Dreck zu werfen, daher ist Dokumentation und Recherche notwendig. Damit befassen sich die *Opposition Researcher.*

Newsgroups: Informations- und Diskussionsforum innerhalb des Internet. Dabei werden Nachrichten zu einem bestimmten Thema ausgetauscht. Die Nachrichten sind für alle Mitglieder der *Newsgroup* lesbar.

Opposition Research: Die Gegnerbeobachtung, auch kurz *Oppo* genannt. Neben dem kontinuierlichen Beobachten aller Werbe- und PR-Aktivitäten des Kontrahenten vor allem Recherche über den Gegner, einschließlich „aller Leichen im Keller". Umfasst auch die Überprüfung eigener Schwächen.

Paid Media: Kostenspielige Wahlkampfwerbung, die gezielt in den Medien eingesetzt wird. Dabei werden oft ganz spezielle Zielgruppen beworben. Über die *paid media* lassen sich über kurze Zeit gezielt zahlreiche Wähler erreichen.

Political Consultants: Freiberuflicher Berater für Wahlkampf und andere Kampagnen in den USA. Meist spezialisiert auf politische Werbung, Meinungsforschung, *Fundraising*, Medientraining, Direktmarketing oder Internet-Wahlkampf. Meist, aber nicht immer parteigebunden.

Polls: Wahlumfragen die sich der quantitativen Meinungsforschung bedienen. Der *Pollster* ist ein Meinungsforscher.

Soft News: Nachrichten in Zeitungen oder im Fernsehen, die nicht über ernsthafte oder formale Ereignisse berichten, sondern reine Unterhaltung des Lesers bzw. des Zuschauers vorziehen. Häufig sehr sensationslastig.

Sound Bites: O-Ton, der eine zentrale Botschaft originell oder dramatisch auf den Punkt bringt. Meist zwei bis drei Sätze, die als maximal 15 Sekunden langes Statement ideal für Hörfunk und TV sowie für Schlagzeile und ersten Absatz des Zeitungsartikels geeignet sind.

Spin Doctors: Im engeren Sinne ein Sprecher, der durch Beeinflussung von Journalisten eine sich entwickelnde Story in eine bestimmte Richtung hindrehen, ihr eine bestimmte Färbung, beziehungsweise einen bestimmten Drall („spin") geben will. Im weiteren Sinne Bezeichnung für alle PR-Manager und Strategen, die alle öffentlichen Aussagen und Auftritte eines Kandidaten planen und steuern.

Targeting: Nach Identifizierung wichtiger Teilmärkte das Auswählen von Zielgruppen und Zielbezirken, auf die Kommunikation und Organisation konzentriert wird. *Precinct Targeting,* ist das Ordnen auf der Ebene der Stimmbezirke (*Precinct*): So werden zum Beispiel in einem Wahlkreis mit 38 Stimmbezirken jene zehn ausgewählt, in denen sich eine Partei einen größtmöglichen Anteil von bestimmten Wählergruppen sichern will. Nur in den Straßen dieser zehn werden die Infostände, Flugblatt- und Plakataktionen sowie Anzeigen in Stadtteilzeitungen erscheinen.

Volunteer: Freiwilliger Wahlkampfhelfer, der sich unentgeltlich um das Verteilen von Werbebotschaften, das Aufstellen von *Yardsigns* und die direkte Wähleransprache kümmert. Bei *Conventions* kümmern sich *Volunteers* außerdem um die Zusammensetzung des Publikums.

War Room: Kommandozentrale eines Kampagnenhauptquartiers. Meist ein Großraumbüro, das mit zahlreichen Fernsehgeräten, Computern nebst Internet-Anschluss und Zugang zu Nachrichtenagenturen und Presseauswertung die lückenlose Beobachtungen des Mediengeschehens rund um die Uhr erlaubt. In diesem Nervenzentrum laufen alle Kommunikationsstränge einer Kampagne zusammen. Von hier ist auch jederzeit eine Sofortreaktion auf Ereignisse möglich.

Dokumentation

Abdruck des persönlichen, in Berlin geführten Interviews mit dem Wahlkampfstrategen Peter Radunski vom 25. April 2002 und eines Telefoninterviews vom 4. Juli 2002.[325]

Wenn sie auf den Wahlkampf 1998 zurückblicken, welche Konsequenzen würden sie bezüglich der Wahlkampfarbeit der CDU ziehen? Hat die Arena im Wahlkampf 1998 zu spät auf die Strategien der Kampa reagiert?

Radunski: „Wenn ich zurückblicke auf den Wahlkampf 1998, dann war das primäre Problem, dass die Wahlkampfzentrale der CDU nicht gut aufgestellt war. Mit der Kampa hingegen präsentierte die SPD erstmals eine Wahlkampfzentrale nach amerikanischem Muster. Ich würde sagen, dass die Wucht der Kampa die Arena geradezu überrascht hat. Außerdem hat die Kampa ihren Wahlkampf sehr früh begonnen. Dadurch war die Arena von Anfang an unterlegen. Aber natürlich hat auch die Wechselstimmung das ihrige dazu getan. Die Gründe für das Verlieren der Wahl waren für die CDU also nicht monokausal. Generell hat die CDU aus dem Verlust der Wahl 1998 gelernt. In diesem Wahlkampf hat die Arena deutlich aufgeholt, ist viel besser positioniert."

Wie beurteilen sie bisher den Bundestagswahlkampf 2002? Würden sie einer starken Amerikanisierungstendenz zustimmen?

Radunski: „Bisher sehe ich im Bundestagswahlkampf 2002 nur eine partielle Tendenz zur Amerikanisierung. Natürlich ist eine deutliche Professionalität in der Wahlkampf-

---

[325] Das Telefoninterview bezieht sich auf die zweite Frage und wurde durchgeführt, um eine aktuelle Einschätzung bezüglich des aktuellen Wahlkampfes zu bekommen.

planung der Parteien keinesfalls von der Hand zu weisen, allerdings gibt es Unterschiede zur Wahlkampfführung in den USA. Der Einsatz von politischen Beratern und „spindoctors" beispielsweise ist in Deutschland noch lange nicht so ausgereift wie in den Vereinigten Staaten. Und es darf auch nicht vergessen werden, dass den Wahlkampfmachern in Deutschland auch im Jahre 2002 bezüglich des Kopierens amerikanischer Wahlkampfstrategien Grenzen gesetzt sind. Deutsche Parteien bewegen sich in einem engen finanziellen Rahmen. In Deutschland können beispielsweise keine massiven und ausführlichen Brief- und Telefonkampagnen geschaltet werden. Auch die Anzahl der geschalteten TV-Spots ist deutlich geringer als in den Vereinigten Staaten. Trotzdem gibt es im Bundestagswahlkampf 2002 auch neue aus den USA kopierte Wahlkampftrends und hier kann eine Amerikanisierung nicht geleugnet werden. Dabei denke ich zum Beispiel an das heute im Springer-Hochhaus stattfindende Printduell. Aber auch an das geplante TV-Duell. Das sind deutlich neue Elemente in der politischen Landschaft Deutschlands."

Und wie beurteilen sie die beiden großen Volksparteien CDU und SPD im aktuellen Wahlkampf?

Radunski: „Wie bereits gesagt, hat die CDU aus dem Wahlkampf 1998 gelernt. Deshalb ist sie in diesem Wahlkampf auch besser organisiert. Das äußert sich in drei Punkten. Erstens stützt sich die CDU bisher im Wahlkampf auf das Thema der Schlusslichtdebatte. Sie gibt dazu immer wieder politische Einschätzungen ab, hat zu dem Thema eine Grundformel, auf die alles bezogen wird. Zweitens verfolgt sie diesmal – und das hat sie im letzten Wahlkampf vermissen lassen – eine konsequente Medienarbeit für ihren Kandidaten. Drittens zeigt sie, auch gegensätzlich zu 1998, Geschlossenheit. Der SPD scheint bisher der Aufhänger, das Thema des Wahlkampfes zu fehlen. Die Aufstellung der Kampa ist auch in diesem Jahr gut, trotzdem fehlt da die letzte Konsequenz. Bisher überzeugt sie nicht so wie vor vier Jahren."

Wie sehen sie denn die Zukunft des bundesdeutschen Wahlkampfes? Glauben sie, es werden hierzulande in ein paar Jahren amerikanische Verhältnisse herrschen?

Radunski: „Das glaube ich nicht. Es gibt Grenzen bei der Amerikanisierung des bundesdeutschen Wahlkampfes. Im Endeffekt ist der Term Amerikanisierung ja nichts anderes als ein Synonym für Modernisierung - der Wahlkampf folgt dabei einer Medienlogik. Die Folge dieser Medienlogik ist die erhöhte Präsenz von Politikern in Unterhaltungsshows. Und Personalisierungstendenzen lassen sich auch nicht von der Hand weisen – seit 1994 ist der Wahlkampf in Deutschland präsidieller Art. Trotzdem ist es in der Bundesrepublik immer noch so, dass der Sieg im Wahlkampf immer noch der Sieg einer Partei ist, nicht der Sieg eines Spitzenkandidaten – denn der Stimmenanteil ist im großen Maße auf die Partei bezogen. Außerdem wird der Wahlkampf nicht nur durch die Kampagne *einer* Partei entschieden, sondern zusätzlich durch andere Komponenten – wie die der Wechselwähler und ihrer Zuwanderung zu kleineren Parteien. Deren Wahlkampf spielt somit auch eine immer wichtigere Rolle."

Abdruck des persönlichen, in Berlin geführten Interviews mit Herrn Oliver Röseler, Mitarbeiter des Stoiber-Teams, vom 25. April 2002.

Wie weit ist ihrer Meinung nach die Amerikanisierung des Wahlkampfes in Deutschland fortgeschritten?

Röseler: „Man muss zunächst mal definieren, was man unter Amerikanisierung versteht. Das eine ist für mich die Professionalisierung des Wahlkampfes - also inwieweit arbeitet man auch mit modernen Methoden. Das Zweite ist für mich die zunehmende Personalisierung – das wird ja auch oft unter den Begriff der Amerikanisierung gefasst. Der dritte Aspekt behandelt die Frage, inwieweit wird Wahlkampf zur Show. Um mit dem letzten Punkt anzufangen: Da denke ich, der Inszenierungsgedanke funktioniert in der Bundesrepublik nur begrenzt. Wenn man beispielsweise den Parteitag in Leipzig 1998 von der SPD sieht, dann sieht man, dass dieser Aspekt in der Bevölkerung auf großen Widerstand gestoßen ist. Das heißt aber nicht, dass man sich nicht ein modernes Gesicht geben soll. So hat das die CDU beispielsweise auf dem Dresdener Parteitag gemacht: Sie hat ihren kompletten Parteitag geändert – den ganzen Bühnenaufbau –, damit auch die Fernsehbilder gut aussehen. Aber da muss man auf die Grenzen achten. Wir werden nie soweit gehen, wie man in den amerikanischen *Conventions* geht. Erster Punkt ist die Professionalisierung. Ich glaube, die SPD war die erste Partei, die das 1998 vorbildlich gemacht hat. Ich glaube, da ist ein Quantensprung gemacht worden. Eine Entwicklung ist das, die alle Parteien jetzt erfasst hat. Auch was die Zusammenarbeit mit externen Partnern angeht, was die Demoskopie angeht, was die Definition strategischer Ziele angeht. Das ist erheblich neu. Wenn man allein die Größe der Werbeagentur sieht, die wir jetzt im Gegensatz zu 1998 haben – da wird das deutlich. In diesem Wahlkampf zum Beispiel sitzen Leute der Agentur McCann-Erickson mit in der Parteizentrale – so kann man enger und besser zusammenarbeiten. Da wissen die, wie wir ticken und wir können die einschätzen. Das ist schon intensiv und das erste Mal. Zum Punkt der Personalisierung. Da bin ich aus aktuellem Anlass schon der Meinung, dass es nicht im gleichen Maße funktioniert wie in den USA. Klar können Personen Botschaften vor allem in den Medien besser vermitteln, aber die Aussage, die Gerhard Schröder beispielsweise vor ein paar Tagen gemacht hat – er oder ich – darauf den Wahlkampf zu fokussieren, das gelingt in Deutschland nicht – wie man auch an den Reaktionen der letzten Tage sieht. Von meinem Gefühl her sind die Leute hierzulande Partei- und Programmorientierter als in den USA. Man darf nicht vergessen, hier wird nicht die Person gewählt, sondern die Partei – daher werden wir in dem Punkt nie amerikanische Verhältnisse erreichen.“

Für wie wichtig, beziehungsweise sinnvoll halten sie die Professionalisierung des Wahlkampfes?

Röseler: „Die halte ich für sehr wichtig, denn in der Medienlandschaft die wir haben, ist es schwer, die Leute überhaupt noch von politischen Inhalten zu überzeugen oder zu bewegen. Dann muss man das auf professionellem Wege tun. Und daran führt kein Weg vorbei. Wir benutzen da die Konzepte der Werbung um unsere Strategien zu justieren. Aber eine politische Partei wird sich auch nie verkaufen lassen wie ein Waschmittel. Auf Prüfungsmechanismen aus der Demoskopie, auch von *Focus Groups*, kann heutzutage nicht mehr verzichtet werden.“

Glauben sie nicht, dass die Wähler durch eine verstärkte Personalisierung und Professionalisierung der Politik abgeschreckt werden?

Röseler: „Ich glaube, das eine reine Personenkampagne abschrecken würde. Aber wir mixen doch Themen mit Personen. Dennoch ist die Personalisierung nötig. Personen sind nun mal besser als Inhalte zu vermarkten. Das ist, was Menschen als glaubwürdig empfinden. Man muss dem Wähler die Person auch nahe bringen. Das ist bei Edmund Stoiber eine große Herausforderung, weil er einfach nicht ist wie Schröder. Daher auch unser Logo „Kantig, echt, erfolgreich." Wir setzen bewusst auf eine andere Linie. Wir versuchen jetzt nicht aus Herrn Stoiber einen charmant-parlierenden Talkshowgast zu machen. Das wird er nie sein und da wird er sich auch gegen wehren. Aber wir versuchen ihn so darzustellen wie er ist. Eine gewisse Grundinformation über den Kandidaten müssen die Leute doch bekommen. Natürlich darf eine Kampagne nicht nur darauf fokussiert sein."

Die Inszenierung von Politik erfordert eine ausgeklügelte Personenpolitik. Denken sie, dass Politiker auch in der eigenen Partei immer mehr nach ihrer äußeren Präsenz und Schlagfertigkeit beurteilt werden?

Röseler: „Unsere Partei zählt 630.000 Mitglieder. Natürlich entsteht da eine intensive Diskussion um die Kandidatenaufstellung. Das bleibt gar nicht aus. Da wird auch viel über die Wirkung der Kandidaten in der Öffentlichkeit gesprochen. Entscheidend dabei ist, wer die größten Erfolgschancen hat. Aber wir sind eine Programmpartei. Da geht es nicht nur um die Wirkung eines Kandidaten, sondern auch darum, dass er in der Lage ist politische Inhalte möglichst verständlich zu vermitteln. Aber natürlich muss auch der gesamte Laden geschlossen in den Wahlkampf gehen. Es gibt auch immer die Diskussion, ob man eher auf Personen oder Inhalte setzen soll. Aber das ist eine Scheindiskussion, denn es funktioniert nur, wenn Kandidaten, Programm und Partei eine Einheit bilden."

Für wie wichtig halten sie Auftritte der Parteien im Internet?

Röseler: „*It's an addition, not a supplement.*" Das hat uns der Chef der Internetkampagne der *Republicans* in Washington gesagt. Es wird den bisherigen Wahlkampf also nie ersetzen, aber es ist ein wichtiger Zusatz. Man erreicht damit zumindest noch andere Wählergruppen. Allerdings würde ich es auch nicht überschätzen. Aber natürlich bekommen die Wähler auf den Parteiseiten auch keinen neutralen Überblick. Daher werden die in erster Linie sowieso meist von den eigenen Anhängern besucht. Massenhafte Überzeugungsarbeit in neutralen Bereichen – davon sind wir längst drüber weg und dazu sind auch die Internetnutzer eine viel zu vorsichtige Klientel. Aber als Kampagnenelement intern ist das Internet von zentraler Bedeutung, weil es schnell und kostengünstig ist."

Wie bewerten sie die Rolle der Kandidatenfrauen in Deutschland?
Röseler: „Ich denke, die Menschen haben da ein großes Interesse dran. Wir werden es auch erleben in diesem Wahlkampf, dass es stärker in den Vordergrund rückt. Das sehen wir schon allein an den Anfragen, die wir hier im Stoiber-Team haben, die Karin Stoiber angehen – Interviews oder Ähnliches. Das Medieninteresse ist sehr hoch. Es

gehört auch sicherlich zum kompletten Bild einer Person, dass man auch in Maßen über sein familiäres Umfeld informiert ist. Allerdings sollten dabei gewisse Grenzen eingehalten werden. Ich glaube allerdings nicht, dass es den extremen Effekt wie in den USA erreichen wird. Frau Schröder-Köpf aber beispielsweise gerät schon lange ins Rampenlicht. Sie wird sogar Herrn Spreng gegenübergestellt. Da gehen viele Leute davon aus, dass sie sich stark in die Kampagne mit einbindet. Das ist bei Karin Stoiber weder der Wunsch noch der Fall. Obwohl sie schon dahinter steht."

Rückblick: Was glauben sie hat Gerhard Schröder zum Kanzler gemacht – 16 Jahre Kohl, oder die Strategien der Kampa?

Röseler: „Man sollte das nicht nur auf Kohl reduzieren. Sicherlich waren die 16 Jahre Amtszeit ein Grund. Aber ich glaube, dass die Leute eher das Gefühl hatten, dass die CDU nicht mehr so in ihrer Lebenswirklichkeit war wie sie es sein sollte. Ich glaube, der Zug war schlicht und einfach abgefahren für die Partei. Auf entscheidende Themen wurde auch nicht mehr im erforderlichen Maße eingegangen. Und der CDU fehlten 1998 einfach neue Elemente, Methodiken und Modernität. Helmut Kohl war dafür einfach das Symbol. Es war die zu sehr angewachsene Distanz zwischen den Leuten und der CDU. Sicherlich kommt der ganze Wunsch nach Modernität hinzu und so wie die SPD ihre Kampagne gestaltet hat, kam sie dem entgegen. Das war halt eine moderne Kampagne, die diesem inhaltlichen Modernisierungswunsch der SPD voll entsprochen hat. Zu dem Zeitpunkt haben einfach Kandidat, Programm und Partei bei der SPD perfekt zusammengepasst. Und der größte Erfolg der Kampa war ihre Selbstinszenierung, denn was de facto gemacht worden ist, ist größtenteils in den Agenturen gemacht worden. Die Kampa hat sehr stark auch von ihrem Mythos gelebt. Und man hat es damals begriffen in der SPD, dass das Bedürfnis da ist, die Art und Weise und Methodik des Wahlkampfes zum Wahlkampfthema selbst zu machen. Gegen diese Methoden schien der Wahlkampf der CDU schlichtweg langweilig und nicht diskussionswürdig. Das spielt auch in den Bereich Amerikanisierung mit rein. Das die Medien total begeistert sind, über die Kampagne an sich zu berichten. Wirklich über Kleinigkeiten wie die Positionierung des CDU oder CSU-Logo auf unseren Plakaten."

Warum ist die Arena 1998 nicht so sehr wie die Kampa in Erscheinung getreten?

Röseler: „Da muss man eins zur Konstellation sagen – eine Konstellation, mit der die SPD im jetzigen Wahlkampf auch zunehmend Probleme bekommt, wenn man den Bundeskanzler stellt, dann werden die engsten politischen Berater im Bundeskanzleramt ansässig sein und da hat man schon einmal mindestens zwei Zentralen. Das Adenauer-Haus und das Bundeskanzleramt. Das war von der Struktur her ein Punkt, durch den man im Hintertreffen gegenüber einer Kampa war, bei der damals alle Fäden sehr straff zusammenliefen. Und zu den Methoden: Ich denke einfach, dass die SPD damals von ihrem deutlichen Modernitätsvorsprung, ihrer Darstellung und Arbeitsweise gelebt hat. Und das war für uns der Anspruch, es diesmal anders zu machen."

Wird die Arena im Bundestagswahlkampf 2002 Negative Campaigning in den Vordergrund rücken?

„*Negative Campaigning* ist natürlich ein Teil der Kampagne – gar keine Frage. Und die SPD hat beim letzten Mal fast ihre ganze Kampagne mit *Negative Campaigning* bestritten und versucht es interessanterweise auch diesmal wieder – sie machen eigentlich den Wahlkampf einer Oppositionspartei. *Negative Campaigning* ist insofern ein wichtiger Aspekt, als das ich denke, dass man als Oppositionspartei schon auf den Ernst der Lage aufmerksam machen muss – Wirtschaftswachstum, Arbeitslosenzahlen – also das den Leuten bewusst zu machen und diese Negativbilanz auch mit dem Bundeskanzler zu verknüpfen, ist sicherlich eine wichtige Aufgabe und es wäre fahrlässig, das nicht zu tun. Sie werden allerdings nicht aufgrund einer Negativdarstellung allein gewählt. Dazu kommen muss natürlich auch, was man selbst machen will. So eine Hoffnungskampagne beispielsweise. Es funktioniert nur mit beiden Komponenten. Und *Negative Campaigning* hat in Deutschland so einen aggressiven Charakter – das wird's ganz bestimmt nicht sein. Es wird also fair bleiben. Wir werden nicht mit Schlamm werfen. Stoiber hat ja auch gesagt, er wird nicht mit gleicher Münze zurückzahlen, mit der die SPD jetzt auf ihn schießt – von wegen Kreidefresser und so. Das wird's bei uns nicht sein. Das können die Anderen machen. Man muss da wirklich gucken, dass das im Rahmen bleibt. Es wird nicht mehr in den Vordergrund rücken, als in anderen Wahlkämpfen. Denn immerhin werden ja nicht neue Regierungen gewählt, sondern alte Regierungen abgewählt und deshalb ist *Negative Campaigning* natürlich ein wichtiger Baustein."

Abdruck des persönlichen, in Berlin geführten Interviews mit Herrn Lutz Meyer, Büroleiter des Bundesgeschäftsführers der SPD, vom 25. April 2002.

Wie weit ist ihrer Meinung nach die Amerikanisierung des Wahlkampfes in Deutschland fortgeschritten?

Meyer: „Es gibt ähnliche Tendenzen in Amerika und in Deutschland. Da die klassischen Milieus der Parteien schrumpfen, wird das Spektrum der Wechselwähler in der Mitte größer und damit erhöht sich die Bedeutung des Faktors Personalisierung des Wahlkampfes. Außerdem sind in der Mediengesellschaft die Dinge sehr komplex geworden. Das Publikum hat sich sehr zersplittert in einzelne Segmente. Heute verteilt sich also alles, so dass wir in der Darstellung von Politik also auch einen ganz anderen Auftritt entwickeln müssen – mediengerechter muss der sein. Wir müssen also Wahlkämpfe anders führen als noch vor zwanzig Jahren. Das bezieht sich auch auf die Auftritte im Fernsehen. Die Sehgewohnheiten sind anders. Und Parteien haben da zwei Möglichkeiten: Entweder sie akzeptieren die Bedingungen und richten sich in ihrer Darstellung danach oder sie lassen es. Im zweiten Fall haben sie keinen Erfolg. Wer seine Positionen vermitteln will muss auf Personen setzen, auf eine kluge Medienstrategie und auf Präsenz in den Medien. Das hat aber wenig mit Amerika zu tun. Im Grunde ist es eine Professionalisierung."

Für wie wichtig beziehungsweise sinnvoll halten sie die Personalisierung des Wahlkampfes?

Meyer: „Personen waren immer wichtig in deutschen Wahlkämpfen. Es kommt immer darauf an, dass die Präsentation von Programm und Kandidat übereinstimmt. Wichtig für einen erfolgreichen Wahlkampf sind im Grunde immer die drei „P's" – Person, Programm und Partei. Wenn diese drei Komponenten nicht aufeinander abgestimmt sind, dann kann kein erfolgreicher Wahlkampf durchgeführt werden. Im Ergebnis und auf längere Zeit jedoch werden sich die Personen durchsetzen, weil Programme sich nicht darüber transportieren, dass man sie in alle Haushalte verteilt und die Leute das dann intensiv lesen, sondern darüber, dass sie übers Fernsehen vermittelt werden und da muss jemand in einer angemessenen und verständlichen Form die Inhalte durch seine Person vermitteln. Aber eine Person allein kann im deutschen Wahlkampf nichts bewirken. Kandidaten brauchen ihre Partei für die organisatorische Umsetzung des Wahlkampfes, die Mitglieder als Multiplikatoren des Programms. Ohne Parteien wird es also in Deutschland nie funktionieren."

Glauben sie nicht, dass die Wähler durch eine verstärkte Personalisierung und Professionalisierung der Politik abgeschreckt werden?

Meyer: „ Man sieht an den Einschaltquoten von Talk- und Unterhaltungssendungen, dass die Wähler an einer Personalisierung interessiert sind. Ob diese Sendungen der politischen Bildung dienen, das mag ich mal bezweifeln. Denn Politiker können dort auch keine längeren Positionen entwickeln. Aber die Politik muss sich nun mal an den Formaten der Medien orientieren und die wiederum orientieren sich ja auch am Willen der Zuschauer. Man bemerkt ganz eindeutig auch, dass die Wähler etwas über die Personen an sich erfahren wollen. Sie wollen auch in eine Persönlichkeit vertrauen können, nicht nur auf das, was auf Plakate geschrieben wird. Und eine Person kennenzulernen, da haben sie auch das Recht zu. Personalisierung ist also im Grunde eine notwendige Ergänzung des politischen Kerngeschäftes."

Wie hat man in der Kampa reagiert, als Stoiber seine Kanzlerkandidatur bekannt gegeben hat? Wäre eine Frau Merkel als Gegenkandidatin für Gerhard Schröder und für den Wahlkampf der SDP besser gewesen?

Meyer: „Es ist schwierig zu sagen, weil ein Wahlkampf immer davon abhängt, wie sich alles insgesamt entwickelt. Aber Stoiber ist jemand über den es ein klares Image, ein klares Bild gibt, an das man anknüpfen kann. Wir haben eine Anzeige gemacht in der Stoiber nicht im Bild war, weil zu weit rechts. Das hat großes Aufsehen erregt, was auch zeigt, dass politische Werbung durchaus auch Interesse erregt – also entgegen der These der Amerikanisierung zur allgemeinen Verflachung von Politik führt. Also Stoiber ist Repräsentant einer Regionalkultur, kann sich nicht wirklich erklären. Die Imagewerte von ihm – beispielsweise im Osten – sind sehr schlecht. Das alles macht es einfacher, weil es über Stoiber schon vorher ein Image in der Bevölkerung gab. Und er steht weit rechts. Er bemüht sich krampfhaft in die politische Mitte zu kommen und darüber sind ihm alle politischen Positionen abhanden gekommen. Mit dem Kandidaten Stoiber kann man besser umgehen, weil es also sozusagen ein klares „Branding" gibt."

Rückblick: Was glauben sie, hat Gerhard Schröder zum Kanzler gemacht – 16 Jahre Kohl, oder die Strategien der Kampa?

Meyer: „Im Nachhinein kann man das ganz schwer sagen. Man kann nicht den Wahlerfolg einzelner Teile in Prozentzahl messen. Die Kampa war 1998 an einem Punkt arbeitsfähig, an dem es noch keinen Kandidaten gab. Und von der Kampa aus ist die Medienstrategie, die werbliche Linie und ein neues Erscheinungsbild der SPD organisiert worden. Hinzu kam dann der Kandidat, der aufgrund seiner Persönlichkeit, aufgrund der Erfahrung, die die Menschen mit ihm gemacht haben, das Bild, was von ihm in der Öffentlichkeit präsent war, sich optimal in die Kampagne eingefügt hat. Und letztlich hat er den Wahlsieg aufgrund seiner Person in der Höhe herbeigeführt. Das die SPD allerdings so gut dastand, das ist durch die Kampa organisiert worden. Wir haben zwei Jahre vor der Wahl angefangen mit unseren Kampagnen. Wir haben angefangen über Innovation und Gerechtigkeit zu sprechen. Die Modernisierungskompetenz der SPD sollte im Vordergrund stehen. Die Kampa hat also einen gehörigen Anteil am Wahlsieg. Nur die Kampa kann keine Wahl gewinnen. Wir können nur die optimale Bühne bauen, auf welcher der Kandidat dann gewinnt."

Werden eigentlich amerikanische Strategen für den Wahlkampf zu Rate gezogen?

Meyer: „Das gab's schon immer. Wir sind schon 1994 in den USA, in Großbritannien, Frankreich und Schweden gewesen. Das haben wir auch in diesem Wahlkampf gemacht. Wir haben uns angeschaut und informiert wie da Wahlkämpfe ablaufen, welche Rolle vor allem das Internet spielt, wie Veranstaltungen aufgebaut werden, wie die Strategie dort ist. Doch das kann meist nicht übertragen werden, das kann man nicht immer eins zu eins übersetzen, da kann man wenig konkret von gebrauchen. Das sind mehr allgemeine Anregungen, ein paar interessante Details. Doch es hängt sehr vom politischen System ab, sehr von der Medienlandschaft, die beispielsweise in den USA ganz anders ist. Es gibt aber keinen amerikanischen Wahlkampfberater als Bestandteil der Kampa. Um diesem Mythos mal vorzubeugen."

Aber können sie denn ein konkretes Beispiel nennen wo man beispielsweise von den US-amerikanischen Wahlkämpfen lernen könnte?

Meyer: „Man kann insofern aus Amerika lernen: wie verhält sich eine politische Partei, wie transportiere ich ein politisches Programm in einer sehr zersplitterten Mediengesellschaft. Das ist analog. Da sind die Amerikaner immer fünf bis zehn Jahre weiter als wir. Seit der Einführung des Privatfernsehens haben wir ähnliche Tendenzen. Also die Rolle der TV-Bilder wird höher. Deswegen werden wir auch in diesem Wahlkampf zusätzlich zu den öffentlich-rechtlich zur Verfügung gestellten Spotzeiten wieder zusätzliche Fernsehzeiten bei den Privaten einkaufen, um das Publikum in der gesamten Breite auch erreichen zu können. Man kann auch lernen, wie man die interaktive Rolle des Internets nutzt – denn auch da sind die Amerikaner weiter."

Wird die Kampa im Bundestagswahlkampf 2002 Negative Campaigning in den Vordergrund rücken?

Meyer: „*Negative Campaigning* machen wir nicht – das macht die Union. Und das ist etwas, was man aus Amerika mitbringen kann, aber tunlichst vermeiden sollte, denn das führt zu Politikverdrossenheit. Das ist leider Bestandteil der CDU-Kampagne in diesem Jahr – das steht sogar in den Strategiepapieren drin. Das ist ein neuer Stil der Auseinandersetzung, der eine unschöne Entwicklung ist, wo die CDU auch nicht gut beraten ist, so was zu machen, weil Schwarzmalerei fällt im Endeffekt immer auf den Maler zurück. Nicht auf das Bild."

Da behauptet natürlich die CDU das Gegenteil?

Meyer: „Da kann ich nur noch einmal feststellen – wir machen kein *Negative Campaigning*, und wenn wir sagen, Herr Stoiber redet das Land schlecht, dann ist das eine Feststellung, weil die Zahlen, die er gebraucht, sind nicht wirklich die, die stimmen. Das wir den letzten Platz in Europa haben, ist schlichtweg falsch."

Wie ist das denn mit ihrer Internetseite www.nicht-regierungsfähig.de?

Meyer: „Das ist kein *Negative Campaigning*, das ist eine spielerisch, lustige, dem Internet angemessene Form der Darstellung von Politik. Wir sagen nicht, dass Herr Stoiber schlecht ist oder ein schlechter Mensch oder hauen nicht auf seinen persönlichen Eigenschaften herum, wir wühlen nicht im Schmutz seiner Familie. Uns ist es egal, ob Herr Stoiber nur für Bilder als lässiger Kanzler posiert, ansonsten der verstaubte Technokrat ist, der er über viele Jahre war. Es geht immer um die Frage, wie man Erkenntnisse umsetzt und wir setzen sie nicht um in der Form, dass wir den politischen Gegner unwirsch angehen. Die CDU hingegen versucht, das steht ja auch in ihrer Strategie, dass mit aller Macht der Zusammenhang zwischen Aufschwung und Regierung zerschlagen werden muss. Aber diese Strategie wird nicht aufgehen, denn Schmutzkampagnen führen zu Politikverdrossenheit."

Wie werden Wähler in der Wahlkampfzentrale überhaupt beurteilt? Liegen Analysen oder Umfragen vor? Gibt es so etwas wie die amerikanischen Focus Groups?

Meyer: „Wir machen zum Einen die quantitative Meinungsforschung. Wir haben verschiedene Panels, die wir über einen längeren Zeitraum befragen. Wir haben das größte zusammenhängende Panel in Deutschland – eine viertausender Gruppe, die wir über einen Dreijahreszeitraum systematisch befragt haben, wo man natürlich ganz andere Daten, auch eine ganz andere Tiefe von Daten und Wanderungsbewegungen rausfinden kann. Und natürlich machen wir auch qualitative Meinungsforschung. Also mit richtigen *Focus Groups* testen wir natürlich die Bilder und Motive vorher, ob sie das auch beim Betrachter auslösen, was wir intendieren. Und da bemerkt man auch, dass man oftmals mit seinem Befinden, was politische Botschaften und Begriffe angeht, neben der Meinung der Wähler liegt. Schon 1998 haben wir in der ersten Wahlkampfphase der Kampa 1998 eine Gruppe von Wählern - nach dem Vorbild der amerikanischen *Focus Groups* - zu unseren Wahlkampfkonzepten befragt. Das machen aber auch die anderen Parteien. Das ist heute Standard."

Abdruck des persönlichen Telefoninterviews mit Herrn Robert Watson, Herausgeber der „*White House Studies*" vom 10. Mai 2002.

The candidates' women don't play a big role in German campaigns as opposed to those in the US. Do you think it is good that candidates' women play such a big role in campaigns in your state? Why?

Watson: „I think it is a big help for candidates and the campaign to have candidates' wives play a role. Indeed, in the U.S., often times the whole family will play a role. This helps in terms of getting the message out. For instance, while the candidate is campaigning in one location, the spouse can campaign in another location. If the children are adults, they too can campaign. The spouse might also help the candidate to reach a different type of voters. For example, Hillary Clinton polled very well with professional women and feminists. This helped Bill Clinton get their vote. Laura Bush polls well with older white women and stay-at-home mothers, so she helps her husband get that vote. Politics is often a family affair and around-the-clock endeavor. What we don't see as much, however, is male spouses campaigning aggressively for their wives/candidates."

Critics in Germany often claim that campaigning doesn't have an impact on the decision of voters? What do you think?

Watson: „Yes and no. For instance, among strong Democrats on the left, they will probably vote for the Democratic candidate regardless of how much that person campaigns and how they campaign. However, among those voters who are undecided or are in the middle of the political spectrum ideologically, aggressive campaigning can "swing" those key votes! Also, if a candidate campaigns as being pro-military, it can bring in folks with a military background or interest, while simultaneously turning off anti-military voters. So, the way in which someone campaigns matters. States like New Hampshire expect that candidates will come to their towns and talk to them. Even if these voters liked a candidate but that preferred candidate did not make the effort to campaign, the voters would not give him/her their support. They expect to be campaigned to!"

In context with the development of missing information, do you think that it is advantageous for the process of politics presenting mainly soft news during a campaign?

Watson: „Political reporting is an oxymoron in the United States. Unfortunately, most of the reporting on candidates is soft news. It focuses largely on who they are as a person, something about their family, and only one or two of their issue positions. Also, the candidates tend to campaign to that type of focus because they know that that is what the media will pick up on and carry. Of course, there are some fine political journalists and some great news programs – not to forget the serious newspapers, but many of them do what I described above."

Do you think voters have a problem understanding party programs and pure political statements in a campaign?

Watson: „I believe voters are smarter than many give them credit for being. I think a lot of voters want more info on the details of important policy issues. The problem is that how does the candidate describe these issues, how do the news outlets report on these issues, and how do voters learn about these issues when a TV news show is only a few minutes long and that includes time for commercials and other stories? Newspapers are limited in space, etc. Of course, many voters are more concerned about the candidate's personal character than their stand on the issues. Other voters are 'single issue' voters who vote because of only one issue like, for example, abortion or military spending. The voters come in all types."

Many critics in Germany don't support personification in politics because they fear that political programs are pushed more and more in the background. Why is the personification of politics so important for a campaign?

Watson: „In the U.S., many voters want to KNOW the candidate as a person and are more concerned about character than issues. I think this is a mixed bag. It is good that we focus to an extent on who these candidates are... for instance, do they have the temperament or character to be a leader? On the other hand, I feel we focus too much on the person -- usually only on a few anecdotal stories about the person -- than truly on who they are or the important issues. What will it take to change this? Better informed voters. A change in the way the news is reported."

How important are focus groups and polls for a successful campaign?

Watson: „Yes, somewhat. They help candidates craft their message and image. They are a handy way of getting info from and about the voters. Of course, they are limited in that they are only small groups and should not have too much influence in a campaign. However, in spite of all the bad press they get, I see them as a way of learning more about what the voter wants and needs. And that is a good thing."

If you would have to name the three most important things of a campaign? Which would you choose and why?

Watson: „In the U.S. they are: 1) the candidate him or herself; 2) ability to raise money (money plays such a big role in campaigns and the cost of them is outrageous); 3) a clear and consistent (easy to understand) image and message from the candidate."

Bibliographie

Monographien

Althaus, Marco, Wahlkampf als Beruf. Die Professionalisierung der Political Consultants in den USA, Frankfurt am Main 1998.

Andersen, Christopher, Hillary und Bill. Die Geschichte einer Ehe, München 1999.

Anonymous, Primary Colors, New York 1996.

Bachem, Christian, Fernsehen in den USA. Neuere Entwicklungen von Fernsehmarkt und Fernsehwerbung, Opladen 1995.

Benesch, Hellmuth (Hrsg.), Grundlagen der Psychologie, Studienausgabe, Band 5, Weinheim 1992.

Bickerich, Wolfram, Helmut Kohl. Kanzler der Einheit, Düsseldorf 1995.

Bieber, Christoph, Politische Projekte im Internet, Frankfurt am Main 1999.

Böhme, Waltraud, Dehlsen, Marlene und Eisel, Hartmut et al (Hrsg.), Kleines politisches Wörterbuch, 3. Auflage, Berlin 1978.

Brettschneider, Frank, Wahlumfragen. Empirische Befunde zur Darstellung in den Medien und zum Einfluss auf das Wahlverhalten in der Bundesrepublik Deutschland und den USA, München 1991.

Brunner, Wolfram, Wahlkampf in den USA III: Medienarbeit. Arbeitspapier zum Projekt Politische Kommunikation der Konrad-Adenauer-Stiftung e.V., Sankt Augustin 2001.

Brunner, Wolfram, Wahlkampf in den USA IV: Werbekommunikation. Arbeitspapier zum Projekt Politische Kommunikation der Konrad-Adenauer-Stiftung e.V., Sankt Augustin 2001.

Bürklin, Wilhelm und Markus Klein, Wahlen und Wählerverhalten, 2. Auflage, Opladen 1998.

Burner, David, John F. Kennedy. Der Traum von einer besseren Welt, 5. Auflage, München 1995.

Congressional Quarterly (Hrsg.), National Party Conventions 1881-2000, Washington 2001.

Cormick, Richard P., The Presidential Game. The Origins of American Presidential Politics, Oxford 1982.

Dörner, Andreas, Politainment. Politik in der medialen Erlebnisgesellschaft, Frankfurt am Main 2001.

Dreher, Klaus, Der Weg zum Kanzler. Adenauers Griff nach der Macht, Düsseldorf 1972.

Ebenstein, William, Pritchett, Herman C., Turner, Henry A. und Dean Mann, American Democracy in World Perspective, 2. Auflage, New York 1970.

Eltermann, Ludolf K., Kanzler und Oppositionsführer in der Wählergunst, Bonn 1980.

Eurich, Claus und Gerd Würzberg, 30 Jahre Fernsehalltag. Wie das Fernsehen unser Leben verändert hat, Hamburg 1983.

Forschungsgruppe Wahlen, Bundestagswahl 1990. Eine Analyse der Wahl der ersten gesamtdeutschen Bundestagswahl am 2. Dezember 1990, Mannheim 1990.

Friedrich-Naumann-Stiftung, U.S. Präsidentschaftswahlen – Campaign 2000, Campaign Newsletter, Juni 2000, Washington 2000.

Gassert, Philipp und Christof Mauch (Hrsg.), Mrs. President. Von Martha Washington bis Hillary Clinton, München 2000.

Gerste, Ronald D., Die First Ladies der USA. Von Martha Washington bis Hillary Clinton, Regensburg 2000.

Gilbert, Robert E., Television and Presidential Politics, Massachusetts 1972.

Grafe, Peter, Wahlkampf. Die Olympiade der Demokratie, Frankfurt am Main 1994.

Hagstrom, Jerry, Political Consulting. A Guide for Reporters and Citizens, New York 1992.

Halberstam, David, The Powers That Be, New York 1970.

Hess, Stephen, The Presidential Campaign, 2. Auflage, Washington 1978.

Hetterich, Volker, Von Adenauer zu Schröder – der Kampf um Stimmen. Eine Längsschnittanalyse der Wahlkampagnen von CDU und SPD bei den Bundestagswahlen 1949-1998, Opladen 2000.

Holtz-Bacha, Christina, Wahlwerbung als politische Kultur. Parteienspots im Fernsehen 1957-1998, Wiesbaden 2000.

Just, Marion R., Crigler, Ann N., and Dean E. Alger (et al), Crosstalk. Citizens, Candidates, and the Media in a Presidential Campaign, Chicago 1996.

Kagelmann, Jürgen H. und Gerd Wenninger (Hrsg.), Medienpsychologie. Ein Handbuch in Schlüsselbegriffen, München 1982.

Kaltenthaler, Heike, Das Geheimnis des Wahlerfolgs. Negative Campaigning in den USA, Frankfurt am Main 2000.

Kamber, Victor, Trivial Pursuit. Negative Advertising and the Decay of Political Discourse, Washington 1991.

Kavanagh, Dennis, Public Opinion Polls, in: Butler, David, Penniman, Howard R. und Austin Ranney, Democracy at the Polls. A Comparative Study of Competitive National Elections, Washington 1981.

Kepplinger, Hans Mathias, Die Demontage der Politik in der Informationsgesellschaft, München 1998.

Kerbel, Matthew Robert, Remote and Controlled. Media Politics in a Cynical Age, 2. Auflage, Boulder 1999.

Kinskofer, Lieselotte und Stefan Bagehorn, Lesen, Zappen, Surfen: Der Mensch und seine Medien, München 2000.

Kleinmann, Hans-Otto, Geschichte der CDU 1945 – 1982, Stuttgart 1993.

Klotzbach, Kurt, Der Weg zur Staatspartei. Programmatik, praktische Politik und Organisation der deutschen Sozialdemokratie 1945 bis 1965, Berlin 1982.

Kölsch, Eberhard, Vorwahlen – Zur Kandidatenaufstellung in den USA, Berlin 1972.

Korte, Karl-Rudolf, Wahlen in der Bundesrepublik Deutschland, 3. Auflage, Bonn 2000.

Krech, David und Richard S. Crutchfield (Hrsg.), Grundlagen der Psychologie. Sozialpsychologie, Band 7, 2. Auflage, Weinheim und Basel 1985.

Kuhlen, Rainer, Die Mondlandung des Internet, Konstanz 1998.

Langguth, Gerd (Hrsg.), Politik und Plakat. 50 Jahre Plakatgeschichte am Beispiel der CDU, Bonn 1995.

Langguth, Gerd, Das Innenleben der Macht. Krise und Zukunft der CDU, Berlin 2001.

Lazarsfeld, Paul Felix, Berelson, Bernard und Hazel Gaudet, The People's Choice. How the Voter Makes Up His Mind in a Presidential Campaign, 3. Ausgabe, New York 1969.

Lehmann, Hans-Georg, Deutschland-Chronik 1945-1995, Bonn 1996.

Lemert, James B., Elliot, William R., Rosenberg, William L. and James M. Bernstein, The Politics of Disenchantment. Bush, Clinton, Perot and the Press, Cresskill 1996.

Liebovich, Louis W., The Press And The Modern Presidency. Myths and Mindsets from Kennedy to Clinton, Westport 1998.

Marshall, Barbara, Willy Brandt. Eine politische Biographie, Bonn 1993.

Martel, Myles, Political Campaign Debates: Images, Strategies, and Tactics, New York 1983.

Martin, Ralph G., A Hero for Our Time: An Intimate Story of the Kennedy Years, New York 1983.

Matalin, Mary und James Carville, All's Fair. Love, War, and Running for President, New York 1994.

Media Tenor (Hrsg.), Agenda Setting 2001: Mass Media and Public Opinion, Conference Material zum gleichnamigen Workshop vom 31. Oktober bis 2. November 2001 im Hotel Königshof in Bonn, Bonn 2001.

Meifert, Jens, Bilderwelten. Symbolik und symbolische Politik im Prozess der politischen Kommunikation, Duisburg 1999.

Morris, Dick, Vote.com, Los Angeles 1999.

Nie, Norman H., Verba, Sidney und John R. Petrocik, The Changing American Voter, Cambridge 1979.

Noelle-Neumann, Elisabeth, Die Schweigespirale. Öffentliche Meinung – unsere soziale Haut. München 1980.

Noelle-Neumann, Elisabeth, Kepplinger, Hans Mathias und Wolfgang Donsbach (Hrsg.), Kampa. Meinungsklima und Medienwirkung im Bundestagswahlkampf 1998, 2. Auflage, München 2000.

Pastusiak, Longin, Amerikas First Ladies. Von Edith Roosevelt bis Hillary Clinton, Leipzig 1997.

Perloff, Richard M., Political Communication. Politics, Press, and Public in America, Mahwah 1998.

Postman, Neil, Wir amüsieren uns zu Tode, 11. Auflage, Frankfurt am Main 1998.

Reeves, Richard, President Kennedy. Profile of Power, New York 1993.

Regierungsprogramm 2002-2006 „Leistung und Sicherheit. Zeit für Taten" der CDU/CSU.

Reichel, Peter, Der schöne Schein des Dritten Reiches. Faszination und Gewalt des Faschismus, 2. Auflage, München 1996.

Vgl. Rettich, Markus und Roland Schatz, Amerikanisierung oder Die Macht der Themen, Bonn 1998.

Ripper, Heiko, Der Große Kommunikator. Die Medienstrategie Ronald Reagans im Kontext der US-Präsidenten, München 1998.

Rudzio, Wolfgang, Das politische System der Bundesrepublik Deutschland, 4. Auflage, Opladen 1996.

Salmore, Barbara G. und Stephen A. Salmore, Candidates, Parties and Campaigns. Electoral Politics in America, Washington 1989.

Scher, Richard K., The Modern Political Campaign. Mudslinging, Bombast, and the Vitality of American Politics, New York 1997.

Schulz, Winfried, Politische Kommunikation. Theoretische Ansätze und Ergebnisse empirischer Forschung, Opladen 1997.

Semetko, Holli A. und Klaus Schönbach, Germany's „Unity Election". Voters and the Media, Cresskill 1994.

Shea, Daniel M., Campaign Craft. The Strategies, Tactics, and Art of Political Campaign Management, Westport 1996.

Shields-West, Eileen, The World Almanac Of Presidential Campaigns, New York 1992.

Smith, Hedrick, Ronald Reagan. Weltmacht am Wendepunkt, 2. Auflage, Zürich 1981.

SPD (Hrsg.), Bericht Abteilung V. Kommunikation und Wahlen. Mehrheit '98: Die Bundestagswahlkampagne der SPD, Bonn 1998.

Struve, Günter, Kampf um die Mehrheit, Köln 1971.

Troy, Gill, See How They Ran. The Changing Role of the Presidential Candidate, Cambridge 1996.

Von Rimscha, Robert, George W. Bush. Präsident in Krisenzeiten, München 2001.

Warner, Judith, Hillary Clinton. First Lady mit Power, München 1993.

Watson, Richard A., The Presidential Contest, New York 1980.

Watson, Robert P., The Presidents' Wives. Reassessing the Office of First Lady, Colorado 2000.

Wayne, Stephen J., The Road to the White House. The Politics of Presidential Elections, Manchester 1980.

Wilke, Jürgen und Carsten Reinemann, Kanzlerkandidaten in der Wahlkampfberichterstattung 1949-1998, Köln 2000.

Wolling, Jens, Politikverdrossenheit durch Massenmedien? Der Einfluss der Medien auf die Einstellungen der Bürger zur Politik, Wiesbaden 1999.

Zaller, John, The Nature and Origins of Mass Opinion, Cambridge 1993.

Zelle, Carsten, Der Wechselwähler. Eine Gegenüberstellung politischer und sozialer Erklärungsansätze des Wählerwandels in Deutschland und den USA, Opladen 1995.

Aufsätze

Althaus, Marco, Political Consulting. Beratung durch Profis in amerikanischen Wahlkämpfen, in: Althaus, Marco (Hrsg.), Kampagne! Neue Strategien für Wahlkampf, PR und Lobbying, 2. Auflage, Münster 2001, S. 198-214.

Althaus, Marco, Strategien für Kampagnen, in: Althaus, Marco (Hrsg.), Kampagne! Neue Strategien für Wahlkampf, PR und Lobbying, 2. Auflage, Münster 2001, S. 7-44.

Bieber, Christoph, Politmarketing mit Megabytes. Online Wahlkampf und Virtuelle Parteienzentralen, in: Bollmann, Stefan und Christine Heibach, Kursbuch Internet, Mannheim 1996, S. 148-155.

Bresser, Klaus, Von Profis, Posen und Prinzipien. Bemerkungen zum „Medienwahlkampf 1998", in: Zweites Deutsches Fernsehen (Hrsg.), ZDF Jahrbuch 1998, Mainz 1999, S.12.

Brettschneider, Frank, „Amerikanisierung von Bundestagswahlen" – mehr als ein substanzloses Schlagwort?, Manuskript (im Erscheinen).

Brunner, Wolfram und Dieter Walz, Die politische Stimmungslage im Vorfeld der Bundestagswahl 1998, in: Pickel, Gert, Walz, Dieter und Wolfram Brunner (Hrsg.), Deutschland nach den Wahlen. Befunde zur Bundestagswahl 1998 und zur Zukunft des deutschen Parteiensystems, Opladen 2000, S. 31-56.

Cecere, Vito, Man nennt es Oppo. Opposition Research als systematische Beobachtung des Gegners, in: Althaus, Marco (Hrsg.), Kampagne! Neue Strategien für Wahlkampf, PR und Lobbying, 2. Auflage, Münster 2001, S. 65-80.

Clemens, Detlev, Das Potential des Internets in Wahlkämpfen, in: Politische Bildung, 32. Jg., Nr. 4/1999, S. 52-63.

Clemens, Detlev, Netz-Kampagnen, in: Kamps, Klaus, Elektronische Demokratie, Opladen 1999, S. 153-174.

Clemens, Detlev, Wahlkampf im Internet, in: Gellner, Winand und Fritz von Korff (Hrsg.), Demokratie und Internet, Baden-Baden 1998, S. 143-156.

Darkow, Michael und Michael Buß, Der Bundestagswahlkampf 1980 – ein Ereignis am Rande des Alltags, in: Schulz, Winfried und Klaus Schönbach (Hrsg.), Massenmedien und Wahlen. Mass media and elections: International research perspectives, München 1983, S. 446-463.

Darschin, Wolfgang und Bernward Frank, Tendenzen im Zuschauerverhalten. Fernsehgewohnheiten und Programmbewertungen 1997, in: Media Perspektiven, 4/1998, S. 134-166.

Dörner, Andreas und Ludgera Vogt, Der Wahlkampf als Ritual. Zur Inszenierung der Demokratie in der Multioptionsgesellschaft, in: Aus Politik und Zeitgeschichte, B 15-16/2002, S. 15-22.

Falter, Jürgen W., Wahlen und Wählerverhalten unter besonderer Berücksichtigung des Aufstiegs der NSDAP nach 1928, in: Bracher, Karl Dietrich, Funke, Manfred und Hans-Adolf Jacobsen (Hrsg.), Die Weimarer Republik 1918-1933. Politik, Wirtschaft, Gesellschaft, Bonn 1987, S. 484-504.

Gabriel, Oskar W. und Frank Brettschneider, Die Bundestagswahl 1998. Ein Plebiszit gegen Kohl?, in: Aus Politik und Zeitgeschichte, B 52/1998, S. 20-32.

Gibowski, Wolfgang G., Wer wählte wen – und warum?, in: Oberreuter, Heinrich (Hrsg.), Umbruch '98. Wähler, Parteien, Kommunikation, München 2001, S. 95-121.

Glotz, Peter, Politisches Wrestling – eine Schlachtbeschreibung. Nachtrag zum Bundestagswahlkampf 1994, in: Hamm, Ingrid (Hrsg.), Politik überzeugend vermitteln. Wahlkampfstrategien in Deutschland und den USA, Gütersloh 1996, S. 25-32.

Hart, Gary, Medien und Politik im Amerika des ausgehenden zwanzigsten Jahrhunderts. Analyse und Ausblick, in: Hamm, Ingrid (Hrsg.), Politik überzeugend vermitteln. Wahlkampfstrategien in Deutschland und den USA, Gütersloh 1996, S. 149-162.

Holtz-Bacha, Christina, Bundestagswahlkampf 1998 – Modernisierung und Professionalisierung, in: Holtz-Bacha, Christina, Wahlkampf in den Medien – Wahlkampf mit den Medien. Ein Reader zum Wahljahr 1998, durchgesehener Nachdruck, Wiesbaden 2000, S. 9-23.

Holtz-Bacha, Christina, Die Entertainisierung der Politik, in: Zeitschrift für Parlamentsfragen, 31. Jg., Nr. 1/2000, S. 156-166.

Holtz-Bacha, Christina, Massenmedien und Wahlen. Die Professionalisierung der Kampagnen, in: Aus Politik und Zeitgeschichte, B 15-16/2002, S. 23-28.

Holzer, Werner, Von Hexenmeistern und Media-Handwerkern. Politische Öffentlichkeitsarbeit in den USA – ein (un-)heimliches Wesen, in: Hamm, Ingrid (Hrsg.), Politik überzeugend vermitteln. Wahlkampfstrategien in Deutschland und den USA, Gütersloh 1996, S. 117-148.

Jarren, Otfried und Ulrike Röttger, Politiker, politische Öffentlichkeitsarbeiter und Journalisten als Handlungssystem, in: Rolke, Lothar und Volker Wolff (Hrsg.), Wie die Medien die Wirklichkeit steuern und selber gesteuert werden, Opladen 1999, S. 199-221.

Kaase, Max, Fernsehen, gesellschaftlicher Wandel und politischer Prozess, in: Kaase, Max und Winfried Schulz (Hrsg.), Massenkommunikation. Theorien, Methoden, Befunde, Opladen 1989, S. 97-117.

Kaid, Lynda Lee und Dianne G. Bystrom, The Electronic Election in Perspective, in: Kaid, Lynda Lee und Dianne G. Bystrom, The Electronic Election, S. 363-369.

Kepplinger, Hans Mathias und Hans-Bernd Brosius, Der Einfluss der Parteibindung und der Fernsehberichterstattung auf die Wahlabsichten der Bevölkerung, in: Kaase, Max und Hans-Dieter Klingemann (Hrsg.), Wahlen und Wähler. Analyse aus Anlass der Bundestagswahl 1987, Opladen 1990, S. 675-686.

Kleinsteuber, Hans J., Horse Race im Cyberspace? Alte und neue Medien im amerikanischen Wahlkampf, in: Internationale Politik, 51. Jg., Nr. 11/1996, S. 39-42.

Kühne, Thomas, Entwicklungstendenzen der preußischen Wahlkultur im Kaiserreich, in: Ritter, Gerhard A. (Hrsg.), Wahlen und Wahlkämpfe in Deutschland. Von den Anfängen im 19. Jahrhundert bis zur Bundesrepublik, Düsseldorf 1997, S. 65-78.

Leggewie, Claus, Demokratie auf der Datenautobahn oder wie weit geht die Zivilisierung des Cyberspace, in: Langenbucher, Wolfgang R. (Hrsg.), Elektronische Medien. Gesellschaft und Demokratie, Wien 2000, S. 220-232.

Lesche, Dieter, Nachrichtenformen. Nicht so trockene Kost, bitte!, in: Blaes, Ruth und Gregor A. Heussen (Hrsg.), ABC des Fernsehens, Konstanz 1997, S. 278-283.

Lindsay, Robert, Kalifornischer Probelauf, in: Smith, Hedrick, Ronald Reagan. Weltmacht am Wendepunkt, 2. Auflage, Leoni 1981, S. 59-82.

Machnig, Matthias, Die Kampa als SPD-Wahlkampfzentrale der Bundestagswahl 1998, Organisation, Kampagnenformen und Erfolgsfaktoren, in: Forschungsjournal Neue Soziale Bewegungen, Nr. 3/1999, S. 20-39.

Machnig, Matthias, Politische Kommunikation 2002 – Herausforderungen für Parteien, in: Zeitschrift für Sozialistische Politik und Wirtschaft, Nr. 2/2002, S. 5-7.

Meyer, Thomas, Mediokratie – Auf dem Weg in eine andere Demokratie?, in: Aus Politik und Zeitgeschichte, B 15-16/2002, S. 7-14.

Müller, Marion G., Eine qualitative Produktionsanalyse politischer Werbung. Parteienwerbung im Bundestagswahlkampf 1998, in: Media Perspektiven, Nr. 5/1999, S. 251-261.

Niclauß, Karlheinz, Koalitionen und Kandidaten: Rückblick und Wahleinschätzung 2002, in: Aus Politik und Zeitgeschichte, B 21/2002, S. 32-38.

Nipperdey, Thomas, Die Organisation der bürgerlichen Parteien in Deutschland vor 1918, in: Nipperdey, Thomas, Gesellschaft, Kultur, Theorie. Gesammelte Aufsätze zur neueren Geschichte, Göttingen 1976, S. 279-318.

Noelle-Neumann, Elisabeth, Wirkung der Massenmedien auf die Meinungsbildung, in: Noelle-Neumann, Elisabeth, Schulz, Winfried und Jürgen Wilke (Hrsg.), Das Fischer Lexikon. Publizistik Massenkommunikation, 7. Auflage, Frankfurt am Main 2000, S. 518-571.

Ohne Verfasser, Media Coverage of Election Campaigns, in: Media Tenor International Quarterly Journal, Nr. 1/1999, S. 4-5.

Ostendorf, Berndt, Radio und Fernsehen, in: Adams, Willi P., Czempiel, Ernst-Otto und Berndt Ostendorf, et al (Hrsg.), Länderbericht USA, Band II, 2. Auflage, Bonn 1992, S. 691-701.

Pfetsch, Barbara, „Amerikanisierung" der politischen Kommunikation? Politik und Medien in Deutschland und den USA, in: Aus Politik und Zeitgeschichte, B 41-42/2001, S. 27-36.

Plasser, Fritz, „Amerikanisierung" der Wahlkommunikation in Westeuropa, in: Bohrmann, Hans, Jarren, Otfried, Melischek, Gabriele und Josef Seethaler (Hrsg), Wahlen und Politikvermittlung durch Massenmedien, Wiesbaden 2000, S. 49-67.

Preschle, Klaus, Trotz Erfolgs gescheitert. Die Strategie der CDU, in: Oberreuter, Heinrich (Hrsg.), Umbruch `98. Wähler, Parteien, Kommunikation, München 2000, S. 29-46.

Radunski, Peter, Politisches Kommunikationsmanagement, Die Amerikanisierung der Wahlkämpfe, in: Hamm, Ingrid, Politik überzeugend vermitteln. Wahlkampfstrategien in Deutschland und den USA, Gütersloh 1996, S. 33-52.

Radunski, Peter, Strategische Überlegungen zum Fernsehwahlkampf, in: Schulz, Winfried und Klaus Schönbach (Hrsg.), Massenmedien und Wahlen, München 1983, S. 131-145.

Radunski, Peter, Werben für die Politik, in: Schalk, Willi, Thoma, Helmut und Peter Strahlendorf (Hrsg.), Jahrbuch der Werbung, Band 1, Düsseldorf 1988, S. 143-148.

Recker, Marie-Luise, Wahlen und Wahlkämpfe in der Bundesrepublik Deutschland 1949-1969, in: Ritter, Gerhard (Hrsg.), Wahlen und Wahlkämpfe in Deutschland. Von den Anfängen im 19. Jahrhundert bis zur Bundesrepublik, Düsseldorf 1997, S. 293-297.

Rudolph, Hermann, Ereignismodellierung. Der Wahlkampf in den Printmedien, in: Oberreuter, Heinrich (Hrsg.), Parteiensystem am Wendepunkt?. Wahlen in der Fernsehdemokratie, München 1996, S. 145-153.

Sarcinelli, Ulrich, Auf dem Weg zur medial-präsentativen Demokratie, in: Grimme, Nr. 3/1998, S. 10-12.

Schoenbach, Klaus, The „Americanization" of German Election Campaigns: Any Impact on the Voters?, in: Swanson, David L. und Paolo Mancini (Hrsg.), Politics, Media, and Modern Democracy. An International Study of Innovations in Electoral Campaigning and Their Consequences, Westport 1996, S. 91-104.

Schrott, Peter und Jens Tenscher, Elefanten unter sich? Das Aufeinandertreffen von Moderatoren und Politikern in den deutschen Wahlkampfdebatten, in: Politische Vierteljahresschrift, 37. Jg., Nr. 3/1996, S. 447-474.

Schütte, Georg, Die USA, Europa und der Markt: Kontexte der Entwicklung von Fernsehinformationssendungen, in: Wenzel, Harald (Hrsg.), Die Amerikanisierung des Medienalltags, Frankfurt am Main 1998, S. 155-182.

Skaperdas, Stergios und Bernhard Grofman, Modelling Negative Campaigning, in: American Political Science Review, 89 Jg., Nr. 1/1995, S. 49-61.

The Political Consulting Group, Zwischen Wahnsinn und Methode: Einige Anmerkungen zum Wahlkampf von CDU und SPD bei der Bundestagswahl 1998, in: Pickel, Gert, Walz, Dieter und Wolfram Brunner (Hrsg.), Deutschland nach den Wahlen. Befunde zur Bundestagswahl 1998 und zur Zukunft des deutschen Parteiensystems, S. 57-78.

Wilke, Jürgen, Leitmedien und Zielgruppenorgane, in: Wilke, Jürgen (Hrsg.), Mediengeschichte der Bundesrepublik Deutschland, Bonn 1999, S. 302-329.

Zeitungs- und Magazinartikel

Andrea Böhm, Wer transpiriert, der verliert, in: TAZ, 10. Oktober 1992, S. 20.

Augstein, Jakob, Die öffentliche Ehefrau, in: Süddeutsche Zeitung, 12. April 2002, S. 3.

Borchers, Andreas und Hans Peter Schütz, Neues aus dem roten Intriganten-Stadl, in: Stern, 5/1998, S. 102-106.

Carlson, Margaret, All Eyes on Hillary, in: Time Magazine, 14. September 1992, S. 28.

Fromme, Karl Friedrich, Keine Umfrage-Zahlen vor der Wahl?, in: Frankfurter Allgemeine Zeitung, 22. Juli 1980, S. 3.

Gibbs, Nancy, Picking a Fight, in: Time Magazine, 28. August 2000, S. 20-23.

Gräf, Peter, Abriss vorgesehen. Die SPD setzt im Wahlkampf auf ein neues Konzept – eine Schaltzentrale nach amerikanischem Vorbild, in: Wirtschaftswoche, 9. Oktober 1997, S. 39-41.

Günsche, Karl-Ludwig, Er sagt, wann Schröder Klartext reden soll. Der *Spin Doctor* als Taktiker, um den Gegner auszuspielen, in: Die Welt, 23. Mai 1998, S. 3.

Jakobs, Hans-Jürgen, Honsell, Johannes und Oliver Das Gupta, Das Duell, in: Süddeutsche Zeitung, 25.04.2002, S. 21.

Kister, Kurt, Stoiber, Sabine und Maybritt Schröder, Die Amerikanisierung des politischen Geschäfts, in: Süddeutsche Zeitung, 27. April 2002, S. 13.

Langguth, Gerd, Wo ist der Jost Stollmann des Kandidaten Edmund Stoiber? Ein Wahl-kampfexperte gibt dem CSU-Chef Tipps, in: Die Welt, 7. Februar 2002, S. 2.

Matussek, Matthias, Raus hier, besser machen, in: Der Spiegel, Nr. 30/1992, S. 125-128.

Ohne Verfasser, „Lügner, Spalter, Radikaler" – Der Bundestagswahlkampf hat begonnen, in: Frankfurter Allgemeine Zeitung, 14. Januar 2002, S. 1.

Ohne Verfasser, „Wenn Politik mit Wodka und Autoreifen konkurrieren muss", in: Die Welt, 14. Juli 1997, S. 3.

Ohne Verfasser, Hamburger Dialog diskutiert über Marken in der Politik, in: Die Welt, 25. April 2002, S. 34.

Ohne Verfasser, Schröder Medienwirksamkeit. Wer entscheidet die Wahl: Kandidaten, Demoskopen, das Fernsehen?, in: Die Welt, 20. Januar 1999, S. 4.

Perger, Werner A., Schröder mies machen! Ein internes Papier verrät: Größtes Augenmerk will die CDU auf die „Negativkampagne" richten, in: Die Zeit, Nr. 15/2002, S. 1-3.

Pooley, Eric, Gore's Leap of Faith, in: Time Magazine, 21. August 2000, S. 24-28.

Prantl, Heribert, Der Pfau und die Politik, in: Süddeutsche Zeitung, 27. April 2002, S. 4.

Radunski, Peter, Was ich Angela von Hillary erzählen werde. Beobachtungen aus dem amerikanischen Wahlkampf, in: Frankfurter Allgemeine Zeitung, 17. November 2000, S. 3.

Riehl-Heyse, Herbert, Der Kumpel Kanzlerkandidat. Gerhard Schröder wird einen Medienwahlkampf führen, doch ist er hierzulande damit nicht der Erste, in: Süddeutsche Zeitung, 11. März 1998, S. 4.

Ross, Jan, Die neuen Sophisten, in: Die Zeit, 17. Januar 2002, S. 36.

Rulff, Dieter, Und der Sieg ist blau so blau, in: TAZ, 20. August 1998, S. 13.

Schumacher, Hajo, Eine Schlacht um Gefühle. Kanzlerkandidat Gerhard Schröder zwingt Helmut Kohl eine Kampagne nach amerikanischen Muster auf, in: Der Spiegel, Nr. 11/1998, S. 92-95.

Schumacher, Hajo, Leinemann, Jürgen und Annette Großbongardt, „Die Legende soll leben", in: Der Spiegel, Nr. 8/1998, S. 33-48.

Wieland, Leo, Bush hat Geld und Helfer, McCain den Außenseiterbonus. Wahlkampf bei den Republikanern, in: Frankfurter Allgemeine Zeitung, 8. Januar 2000, S. 3.

Zudeick, Peter, Wenn große Tiere untergehen, in: Deutsches Allgemeines Sonntagsblatt, 14. August 1998, S. 2.

Internetartikel

Alanyali, Iris, Worin liegt die Macht der amerikanischen First Ladies?, in: Die Welt Online, 19. November 2001, unter: http://www.welt.de/daten/2001/11/19/1119vm296685.htx?print=1.

Burger Hannes, Karin Stoibers Angst vor der Härte des Wahlkampfes, in: Die Welt Online, 15. Januar 2002, unter: http://www.welt.de/daten/2002/01/15/0115fo307950.htx.

Clinton, Bill, Text of Farewell Convention Address, in: ABC Online, 14. August 2000, unter: http://abcnews.go.com/sections/politics/DailyNews/DEMCVN_trans_clinton000814.html.

Computer Industry Alamanac Online, unter: http://www.c-i-a.com/pr032102.html.

Deggerich, Markus, Wahlkampf-Macher. Arena gegen Kampa, in: Der Spiegel Online, 1. Februar 2002, unter: http://www.spiegel.de/politik/deutschland/0,1518,180124,00.html.

Delfs, Arne, Graw, Ansgar, Haselberger, Stephan und Martin Lutz, Krieg der Köpfe, in: Die Welt Online, 24. April 2002, unter: http://www.welt.de/daten/2002/04/24/0424de328111.htx..

Faltin, Cornel, Außer Atem, in: Berliner Morgenpost Online, 19. August 2000, unter: http://morgenpost.berlin1.de/archiv2000/000819/politik/16449.jpg.

Gauland, Alexander, Lagerwahlkampf? Lächerlich! Bürgerliche Werte spielen beim Buhlen der Parteien um die Medien keine Rolle, in: Die Welt Online, 2. Mai 2002, unter: http://www.welt.de/daten/2002/05/02/0502fo329579.htx.

Griese, Inga, Familienbilder, in: Die Welt Online, 19. Januar 2002, unter: http://www.welt.de/daten/2002/01/19/0119de308850.htx?search=Karin+Stoiber+Schr%F6der-K%F6pf.

Hamann, Bastienne, Von Beruf Kanzler-Gattin. Doris Schröder-Köpf zwischen politischer Zurückhaltung und persönlichen Ambitionen, in: ZDF Heute Online, 17. Januar 2002, unter: http://www.heute.t-online.de/ZDFheute/arikel_drucken/1,1265,175817,00.html.

130

Hornig, Frank, Täglich ein Tabubruch, in: Der Spiegel Online, 15. Juni 2002, unter: http://www.spiegel.de/spiegel/0,1518,202077,00.html.

Kleinsteuber, Hans J., Der Medienwahlkampf 2002 bleibt „teutonisch"!, in: Tagesschau Online, 28. Juni 2002, unter: http://www.tagesschau.de/aktuell/meldungen/0,2044,OID543198_TYP3_THE543250,00.html.

Knaup, Horand, Neubacher, Alexander, und Christoph Schult, Fehlstart für alle. Der schnelle Beginn des Wahlkampfs hat den Kanzler und den Unionskandidaten überfordert, in: Der Spiegel Online, 21. Januar 2002, unter: http://www.spiegel.de/spiegel/0,1518,179092,00.html.

Lechleitner, Ulrich, Stille Wahlkämpferin. Karin Stoiber tritt jetzt auch in Talkshows auf. Eine ungewohnte Rolle, in: Die Welt Online, 25. Mai 2002, unter: http://www.welt.de/daten/2002/05/25/0525de333917.htx?search=Karin+Stoiber+Schr%F6der-K%F6pf.

Leggewie, Claus, Das Internet als Wahlkampfarena, in: Politik Digital, 01. Juli 1999, unter: http://www.politik-digital.de/netzpolitik/weboffensive/wahlkampfarena.shtml.

Lutteroth, Jule, Das Wunder von New Hampshire, in: Der Spiegel Online, 15. Januar 2000, unter: http://www.spiegel.de/politik/ausland/0,1518,59957,00.html.

Ohne Verfasser, Deutschlands Charme der Stunde. Doris Schröder-Köpf repräsentiert für die Franzosen den neuen Typ der First Lady, in: Die Welt Online, 7. November 1998, unter: http://www.welt.de/daten/1998/11/07vm80885.htx?print=1.

Ohne Verfasser, Die amerikanischen First Ladies seit Eleanor Roosevelt, in: Die Welt Online, 19. November 2001, unter: http://www.welt.de/daten/2001/11/19/1119vm296759.htx?print=1.

Ohne Verfasser, Kleider machen Kanzler, in: Der Spiegel Online, 2. April 2002, unter: http://www.spiegel.de/panorama/0,1518,189630,00.html.

Ohne Verfasser, Polls Play a Part, in: The Interactive Museum of News, 10. Mai 2002, unter: http://www.newseum.org/everyfouryears/onthecampaigntrail/html/5.htm.

Ohne Verfasser, TV-Gig der Gattinnen?, in: Phoenix Online, 31. Januar 2002, unter: http://www.phoenix.de/ereig/exp/10178.

Ohne Verfasser, Wahlkampf auf Bayrisch. Jo mei, die Familie, in: Der Spiegel Online, 21. Februar 2002, unter: http://www.spiegel.de/politik/deutschland/0,1518,183579,00.html.

Peter, Joachim, Kommt es bei Wahlen vor allem auf den Spitzenkandidaten an?, in: Die Welt Online, 5. Juni 2002, unter: http://www.welt.de/daten/2002/06/05/0605de336196.htx?search=Personalisierung+Wahlkampf.

Schröder, Alwin, Al Gore. Der Schattenmann, in: Der Spiegel Online, 30. Oktober 2000, unter: http://www.spiegel.de/politik/ausland/0,1518,98827,00.html.

Schwelien, Michael, Mit Macht entspannen, in: Die Zeit Online, 16. Juni 2002, unter: http://www.zeit.de/2001/04/Reisen/200104_washington.html.

Stradtmann, Philipp, Schröders virtuelle Stoßtruppe, in: Politik Digital, 15. Juli 1999, unter: http://www.politik-digital.de/text/netzpolitik/weboffensive/vov.shtml.

Sturm, Daniel Friedrich, An der Seite der Macht, Deutschlands Kanzlergattinnen, in: Die Welt Online, 19. Januar 2002, unter: http://www.welt.de/daten/2002/01/19/0119de308851.htx?search=First+Ladies.

Volkery, Carsten, Eines der größten Rätsel Amerikas, in: Der Spiegel Online, 2. März 2000, unter: http://www.spiegel.de/politik/ausland/0,1518,67250,00.html.

Wahlers, Gerhard und Ursula Carpenter, „Gender Gap 2000". Zum Wahlverhalten amerikanischer Frauen im U.S. Präsidentschaftswahlkampf, in: Konrad-Adenauer-Stiftung Online, 19. Oktober 2000, unter: http://www.kas.de/publikationen/2000/sicherheit/usa_wahlkampf/gender.pdf.

Weiland, Severin, Kandidat Stoiber. Der Staatsmann auf Abruf, in: Der Spiegel Online, 25. April 2002, unter: http://www.spiegel.de/politik/deutschland/0,1518,193610,00.html.

Sonstige aufgeführte Internetadressen

http://www.bundeskanzler.de

http://www.cdu.de

http://www.cg96.org

http://www.cnn.com/ALLPOLITICS/1996/candidates/ad.archive/horton.mov

http://www.democracy.net

http://www.DoleKemp96.org

http://www.gerhardschroeder.de

http://www.guidomobil.de

http://www.joschka.de

http://www.primarymonitor.com/quotes/quotes.shtml .

http://www.schroeder98.de

http://www.stoiber.de

http://www.vote-smart.org

http://www.wahlen98.de.

http://www.wahlkampf98.de

http://www.wahlkampf98.de

Sendematerial

Interview mit dem Politologen Jürgen Falter in *Berlin Direkt* vom 14. Juli 2002, 19.10 Uhr im ZDF.

BEI GRIN MACHT SICH IHR WISSEN BEZAHLT

- Wir veröffentlichen Ihre Hausarbeit, Bachelor- und Masterarbeit

- Ihr eigenes eBook und Buch - weltweit in allen wichtigen Shops

- Verdienen Sie an jedem Verkauf

Jetzt bei www.GRIN.com hochladen und kostenlos publizieren